牧野富太郎自叙伝

牧野富太郎

講談社学術文庫

目次

第二部　混混録

第三部　父の素顔　牧野鶴代

牧野富太郎自叙伝

第一部　牧野富太郎自叙伝

幼年期

土佐の国、高岡郡佐川《さかわ》町、この町は高知から西へ七里隔ったところにあり、その周囲は山で囲まれ、その間にずっと田が連り、春日川という川が流れている。この川の側にあるのが佐川町である。南は山を負った町になり、北は開いた田になっている。人口は五千位の小さい町である。この佐川からは色々な人物が輩出した。現代の人では田中光顕《みつあき》・土方寧《ひじかたやすし》・古沢滋《うろう》(迂郎が元の名)・片岡利和・土居《どい》香国《こうこく》・井原昂《のぼる》等の名を挙げる事ができる。古いところは色々の儒者があり、勤王家があった。この佐川町から多くの儒者が出たのは、ここに名教館《めいこうかん》という儒学つまり漢学を教える学校があり、古くから教育をやっていたためである。佐川には儒者が多く出たので「佐川山分《さんぶん》学者あり」と人がよくいったものである。山分とは土地の言葉で山が沢山あるところの意である。

佐川の町は山内家特待の家老——深尾家の領地で、それがこの町の主権者であった。

明治の代になり、文明開化の世になると学校も前とは組織も変わり、後にはそこで科学・文学を教えるようになった。そうなったのが明治五、六年の頃であった。

明治七年にはじめて小学校制がしかれたので名教館は廃され、小学校になった。

佐川の領主——深尾家は主権者だが、その下に多くの家来がいて、これらの武士は町の一部に住み、町の大部分には町人が住んでいた。そして町の外には農家があった。近傍の村の人達は皆この町へ買物にきた。佐川の町には色々の商人がいて商売をしていた。佐川は大変水のよいところなので酒造りに適していたため、数軒の酒屋があった。町の大きさの割には酒家が多かった。

この佐川の町にかく述べる牧野富太郎が生まれた。文久二年四月二十四日呱々《ここ》の声を挙げたのである。牧野の家は酒造りと雑貨店（小間物屋といっていた。東京の小間物屋とは異なっている）を経営していた。家は町ではかなり旧家で、町の中では上流階級の一軒であった。父は牧野佐平といって、親族つづきの家から牧野家へ養子にきた人である。牧野家家付の娘——久寿は、すなわち私の母である。

佐平と久寿の間にたった一人の子として私は生まれた。私が四歳の時、父は病死し、続いて二年後には母もまた病死した。両親共に三十代の若さで他界したのである。私はまだ余り幼かったので父の顔も、母の顔も記憶にない。私はこのように両親に早く別れたので親の味というものを知らない。育ててくれたのは祖母で、牧野家の一人息子として、とても大切に育てたものらしい。小さい時は体は弱く、時々病気をしたので注意をして養育された。祖母は私の胸に骨が出ているといって随分心配したらしい。酒屋を継ぐ一人子として大切な私だったのである。

生まれた直後、乳母を雇い、その乳母が私を守《も》りした。この女は隣村の越知《おち》村からきた。その乳母の背に負ぶさって乳母の家に行ったことがあった。その時乳母の家の藁葺《わらぶき》家根が見えた時のことをおぼろげに記憶している。これが私の記憶している第一のものである。その後乳母に暇をやり、祖母が専ら私を育てたのである。

酒屋は主人が亡くなったので、祖母が代わって采配を振って家の面倒を見ていた。旧《ふる》い家であるので、自然に家の定《きま》りがついていて、家が乱れず商売を続けていた。

家には番頭——この男は佐枝竹蔵といった——がいてよく家のために尽していた。この男は香美《かみ》郡の久枝村から奉公にきた人である。これがなかなかのしっかり者であり、後に独立して酒屋を営んでいた。こういう偉い番頭がいたので主人亡き後も、よく商売が繁昌していた。

その頃のことでよく憶えていることは、私はよく酒男《さかおとこ》に押えつけられて灸をすえられたことである。それが病身の私を強くしたとも思う。

ある時番頭が、その頃極めて珍しかった時計を買ってきたことがあった。私は時計が不思議でその中を見たくてたまらず、時計を解剖してよく納得いくまで中を調べて見た。誠太さんには困ると皆がいった。誠太郎は私の幼名である。

私は段々成長し、明治四、五年頃寺子屋に行き、習字を習った。寺子屋は佐川の町の一部─西谷に〔あり〕土居謙護《けんご》という人がお師匠さんであった。そこでイロハから習った。そうするうちに寺子屋を替えた。

佐川から離れた東の土地に目細《めほそ》というところがあって、そこに伊藤徳裕《のりひろ》、号を蘭林という先生がいて沢山の書生を集め、主として習字・算術・四書・五経の読み方を教えた。私はそこへ入門した。門弟は大抵《たいてい》お士《さむらい》の子弟で、私のような町人は山本富太郎という私と同名の男と二人だけだった。私がそこに入ったわけは、世の中がこのように開けてきたから町人でも是非学問をしなければいかん、というので入ったわけである。その時分にはまだ町人と士族とには区別があり、士族は町人より上座に坐り、食事の時などは士族は士族流に町人は町人流に挨拶をしたものである。そこに行っておるうちに寺子屋の制度が変わり、寺子屋は廃されることになった。私は名教館に移った。

その頃の名教館では以前と異なり、日進月歩の学問を教えていた。そこでは訳書で、地理・天文・物理などを教えていた。

その頃物理のことを窮理《きゅうり》学といっていた。その時習った書物を挙げると、福沢諭吉先生の『世界国尽《づくし》』、川本幸民《こうみん》先生の『気海観瀾広義』（これは物理の本で文章がうまく好んで読んだものである）、又『輿地誌略』『窮理図解』『天変地異』もあった。ここで私ははじめて日進の知識を大分得た。

そうしておるうちに明治七年はじめて小学校ができ、私も入学した。私は既に小学校に這入《はい》る前に色々と高等な学科を習っていたのであるが、小学校では五十音から更《あらた》めて習い、単語・連語・その他色々のものを掛図について習った。本は師範学校編纂の小学読本であった。博物図もあった。

その頃の学校にはボールドはあったが、はじめチョークというものが来なかったので「砥《と》の粉《こ》」で字や画をかいたが、間もなくチョークが来た。

小学校は上等・下等の二つに分たれ、上等が八級、下等が八級あって、つまり十六級あった。試験によって上に進級し、臨時試験を受けて早く進むこともできた。私は明治九年頃、せっかく下等の一級まで進んだが、嫌になって退校してしまった。嫌になった理由は今判らないが、家が酒屋であったから小学校に行って学問をし、それで身を立てることなどは一向に考えていなかった。

小学校を退いてからは本を読んだりして暮らしていたらしいが、別に憶えていない。

私はその前から植物が好きで、わが家の裏手にある産土《うぶすな》神社のある山に登ってよく植物を採ったり、見たりしていたことを憶えている。こういう風に悠々遊んでいたわけだが、明治十年頃、ちょうど西南の役の頃だったか、私のいた小学校の先生になってくれといってきた。その頃は学校の先生といえば名誉に思われていたので私は先生になり、毎日出勤して生徒を教えた。校舎は以前の名教館のであった。役名は授業生というので、給料は月三円くれた。それで二年ばかりそこの先生をしていた。

それより少し前に佐川に英学を入れた人がある。高知の県庁から長持《ながもち》に三つ英書を借りてきたのである。地理・天文・物理・文典・辞書等があった。そして高知から英学の先生が二人雇われてきた。その中の一人を長尾長といい、他の一人を矢野矢といった。二人とも似たような珍な名の先生であった。この二人の先生はＡＢＣから教えてくれた。だから私はかなり早くから英学を習った。

これは新知識を開くに極めて役立った。

その時分の本は色々の『リイダァ』、文法ではアメリカの本で『カッケンボスの文典』『ピネオの文法書』、『グードリッチの歴史書』『パァレー万国史』『ミッチェルの世界地理』『コルネルの地理』『ガヨーの地理』（その時分フランス語の発音が判らずガヨーをガヨットといっていた）『カッケンボスの物理学』『カッケンボスの天文学』その他色々な地図や算術書もあった。辞書では『エブスタアの辞書』また英和辞書もあった。英和辞書のことは薩摩辞書と呼んでいた。その時分ローマ字の『ヘボンの辞書』などもあった。このように佐川は他よりも早く英学を入れたわけである。

私はその頃、地理学に興味をもち、日本内地は勿論世界の地図を作ろうと考えたこともあった。

私は小学校の先生をしていたが、学問をするにはどうも田舎に居てはいかん、先に進んで出ねばいかんと考え、小学校を辞し高知へ出かけた。

その頃東京へ出ることなどは全く考えなかった。東京へ行くことなどは外国へ行くようなものだった。

高知で私は弘田正郎という人の五松学舎という塾に入った。その頃はまだ漢学が盛んであった。五松学舎は高知の大川筋にあった。

入塾はしたがあまり講義を聴きに行かなかった。弘田先生が「牧野という男が入塾した筈だが、さっぱり来んではないか」といったそうである。その頃、植物・地理・天文の本を見て、興味をもって勉強していた。五松学舎の講義は主に漢文だった。ここ〔に〕数ヵ月いるうちにコレラが流行したので、ほうほうの態《てい》で佐川に帰った。

コレラについては面白い話がある。その時分コレラの予防には石炭酸をインキ壺に入れ、それを鼻の孔になすりつけ予防だとしていた。鼻につけるとひりひり滲みた。

五松学舎時代にはよく詩吟をした。その頃よく詩集を写したりした。吟詩で想い出すが私は現在の詩の吟じ方が気に入らない。詩には起・承・転・結があり、転句で転ずるのがラジオなどで聴いていると転句のところでまるで喧嘩でもしているように怒鳴る。あれではいかん。もっと節廻しをよくやらにゃいかんと思う。吟詩は勢いっついいものだ。その頃の書生は吟詩をやり、剣舞をやりなかなか勢いがよかった。そんな風だったから道楽して芸者遊びをする風は少なかった。しかしいわゆるお稚児《ちご》さん（土佐ではとんとという）の風は相当にあったと思う。

私も世の書生と同じく、その頃は吟詩などをやってなかなか威勢がよかった。

明治十二年に高知へ丹後の人、永沼小一郎という人がきた。この人は神戸の学校の先生で、高知の師範学校の先生になってきたのである。

西洋語の多少できる人で、科学《サイエンス》のことをよく知っていて、植物のことにも詳しかった。永沼先生と私とは極めて懇意になった。早朝から夜の十一時頃迄、話し続けたこともあった程である。永沼先生はベントレーの植物の本を訳し、また土佐の学校にあったバルホアーの『クラスブック・オヴ・ボタニイ』という本の訳もし、私はそれを見せてもらった。この人は実に頭のよい博学の人で、私は色々知識を授けられた。永沼先生は土佐に久しくいたが、その間高知の病院の薬局長になったりした。化学・物理にも詳しく、仏教もよく知っていた。永沼先生は植物学のことをよく知っていたが、実際の事は余りよく知らなかったので、私に書物の知識を授け、私は永沼先生に実際のことを教えるという具合に互に啓発しあった。

永沼先生は後に土佐を去り東京で亡くなった。私の植物学の知識は永沼先生に負うところ極めて大である。

明治十三年頃、佐川に西村尚貞という医者がいて、私はよくその家に遊びに行ったものだが、医者なので色々のことを知っていた。この医者の家に小野蘭山の『本草綱目啓蒙』の写本が数冊あって色々の植物が載っていた。私はそれを借りて写したが、余り手数がかかるし、欠本もあるかもしれんのでこの本が買いたくなった。それで洋品屋に頼んで大阪なり、東京なりから取寄せて貰うことにした。間もなくこの本がきたが、それについて、今でも想い出すことがある。

その時分私はよく友人と裏山に行って遊んでいたが、ある時、山で遊んでいると、私の親友だった堀見克礼《かつひろ》という男が駈けつけて「重訂啓蒙という本がきたぞ」と知らせてくれた。私は慌てて山を駈下り頼んだ人の店へ駈けつけた。それが小野蘭山の『重訂本草綱目啓蒙』であった。

それ以来、私は明暮《あけくれ》この本をひっくり返して見ては色々の植物の名を憶えた。当時は実際の知識はあるが、名を知らなかったので、この本について多くの植物の名を知ることができた。

産土神社の山は頂上を長宗寺越えというが、その山を越えて下る坂道で、ちょうど秋の頃だったが、「もみじばからすうり」を採りたくて行った時、丈の高い菊科のもので白い花を付けている植物があった。名は無論知らなかった。その後『本草綱目啓蒙』を見ていたら、東風菜という個所に「しらやまぎく」というのが載っており、山で見たものと酷似しているので、翌日再び山に登り、本と実物とを引合せたところ、やはり「しらやまぎく」であった。私はその時はじめてこの草の名を憶えた。

私はその頃盛んに山に草採りに行ったが、かす谷という所で面白い繖形科《さんけいか》の植物が水際にあるのを見付けて零余子《むかご》が茎へ出ていたので、それを採って帰り、「むかごにんじん」であることを知った。また町の外から水草を採ってき、家の鉢に浮して置いたが、その草の名を知りたいと思っていると家の下女が「びるむしろ」だといった。私は『救荒本草』という本を高知で買って持っていたが、その中に似た草があったことを想い出し、調べた結果、この草は眼子菜、「ひるむしろ」であることをはじめて知った。また町の近所で上に小さな丸い実のある妙な草があったので、『本草綱目啓蒙』で調べたところ、それは「ふたりしずか」であった。このように自分の実際の知識と書物とで、名を憶えることに専念した。

前に述べた親友の堀見は私より年少の男で、父君は医者だったが、私は堀見の家で『植学啓原』という本を見た。この本は三冊あり、宇田川榕庵のつくった和蘭《オランダ》の本の訳本で、西洋の植物学を解説したものであったが、この本について植物学を勉強した。リンネの人工分類（自然分類でない）を習い、植物学の種々なる術語をこの本について会得した。この本は漢文で書いてあったので、自分で仮名混りに翻訳した。

この時分には植物の本に限らず、他の本も色々買っては読んだものである。

こうするうちに、もっと書籍が買いたくなり、また顕微鏡というものが欲しくなったりしたので、東京へ旅行することを思い立った。ちょうどその頃東京では勧業博覧会が開催されていたので、その見物という意味もあった。明治十四年の四月に佐川を出発して東京への旅に上った。

当時東京へ行くことは外国へ行くようなものだったので盛んな送別を受けた。同行者は以前家の番頭だった佐枝竹蔵の息子の佐枝熊吉と、旅行の会計係に一人実直な男を頼んで三人で佐川の町を出発した。佐川から高知へ出て、高知から海路神戸に行った。生まれてはじめて、汽船というものに乗った。

神戸の山々が禿山《はげやま》なのを見て最初雪が積っているのかと思った。土佐の山には禿山はないからである。

神戸から京都迄は汽車があったので京都へ出、京都から歩いて大津・水口・土山を経、鈴鹿峠へ出、四日市に出て横浜行の汽船に乗った。

その間慣れない様々な植物を見た。茶筒に入れて国へ送り植えて貰った。「しらがし」などは極めて珍しかった。「あぶらちゃん」の花の咲いた枝をとり、東京まで持って行った。

四日市から乗った汽船は遠州灘を通って横浜へ行くのであるが、外輪船であった。船の名は和歌浦丸と呼んだ。横浜迄三等船室にごろごろしていた。横浜から汽車で東京に着いた。神田の猿楽町に郷里の人がいたので訪ね、下宿を世話して貰い、同じ猿楽町に泊ることになった。下宿の窓から朝、富士の秀峰を見て感嘆したりした。

東京滞在中は勧業博覧会を見たり、本屋で本を買ったり、機械屋で顕微鏡を買ったりした。山下町の博物局（今の帝国ホテルの辺）へも行った。田中芳男という人にはじめて会った。博物局では小野職愨《もとよし》・小森頼信という植物関係の人に会い、植物園を見せて貰ったりした。ここで珍しい植物のある植木屋を教えて貰い、そこに行って、色々な植物を買った。

東京へ来た序《つい》でに日光へも行った。千住大橋から日光街道を徒歩または人力車で行くのだが、途中宇都宮に一泊した。日光の杉並木を人力車で通り中禅寺まで行った。中禅寺の湖畔に石ころが積んであり、その石ころの間から「にら」に似たものが生えていた。臭いを嗅いでみると「にら」のようだった。今考えるとそれは「ひめにら」に違いないが、その後日光で「ひめにら」を採ったという人の話を聞かない。私が行ったのはちょうど五月頃で未だ寒かったが、五月頃探せば今でも何処かに生えているかも知れぬ。

日光から帰京すると直ぐ郷里へ帰ることになったが、帰路は東海道を選んだ。横浜迄汽車で行き、後は徒歩・人力車・乗合馬車などで行った。服装は田舎者丸出しの着物姿だった。一週間ばかりで京都へ着くのであるが、私は関ヶ原辺で同行者と別れ単身伊吹山に登ることにして、他の者とは京都の三条の宿で待合すことにした。伊吹山の麓では薬業を営む人の家に泊り、山を案内して貰った。頂上までは登らなかったが(弥高方面であった)色々の植物を採集した。その時分には胴籃《どうらん》がなかったので、採った植物は紙の間に挟んだりして持ってきた。泊った家の庭に「あべまき」が、薪にして積んであるのを珍しく思い土産に持ち帰った。

伊吹から長浜へ出、琵琶湖を汽船で渡り大津へ出、京都で他の者と落合い、無事に佐川に帰った。

伊吹山で採集したものの中には仲々珍しいものがあった。明治十七年に再度上京し大学の松村〔任三〕助手に会った時、私が伊吹で採った「すみれ」を見せたところ、この「すみれ」は大学の標品中にもないもので大変珍しく、外国の文献によりヴィオラ・ミラビリスなることが判り、和名がないので、「いぶきすみれ」と命名された。

佐川へ帰ると大いに土佐の国で採集せねばいかんと思い、佐川から西南地方の幡多《はた》郡一円を人足を連れて巡り、かなりの日数を費して、採集して歩いた。

その頃東京で出ていた農業雑誌に植物のことがよく出ていて、私はそれを見るのを楽しみにしていた。その中に、「科《ファミリィ》」のことが出ており、「科」のことを憶えた。

私は郷里に科学《サイエンス》を拡めねばならんと思い立ち、理学会なる会を設け、私が集めた科学書を皆に見せたり、討論会を催したり、演説会を開いたりした。私の郷里の若い人達は皆この理学会に入っていたものだ。場所は小学校を用いていた。私はこのように、私の郷里に科学《サイエンス》を早く入れたわけである。

佐川の町の人が科学《サイエンス》に親しむ風があったについては、佐川が有名な化石の産地であることも与《あずか》って力ある。具石山・吉田屋敷・鳥の巣等には化石の珍物が出るので名高い。ナウマンという鉱物学の先生や、地質学の大御所だった小藤《ことう》文次郎先生等も、化石採集に佐川にきた。

小藤先生が佐川に見えた時鼠色のモーニング・コートを着ていられたが、私はその服が気に入り、小藤さんから服を借りて洋服屋を訪ね、それと同じものを註文したことがあった。

私もよく化石を採集したが、佐川の外山矯という人は化石蒐集家として特に名高く、学者がきた時などは、大変便利だった。

佐川に出る貝の化石のダオネラ・サカワナというのは、この佐川から出た化石に命名されたものである。

自由党から脱退

当時は自由党が盛んで、「自由は土佐の山間から出る」とまでいわれ、土佐の人々は大いに気勢を挙げていた。本尊は板垣退助で、土佐一国は自由党の国であった。従って私の郷里も全村こぞって自由党員であり、私も熱心な自由党の一員であった。当時は私も政治に関する書物を随分読んだものだ。殊に英国のスペンサアの本などは愛読した。人間は自由で、平等の権利を持つべきであるという主張の下に、日本の政府も自由を尊重する政府でなければいかん。圧制を行う政府は、打倒せねばならんというわけで、そこの村、ここの村で盛んに自由党の懇親会をやり大いに気勢を挙げた。

私も、よくこの会に出席した。併《しか》し後に私は何も政治で身を立てるわけではないから、学問に専心し国に報ずるのが私の使命であると考え、自由党から退く事になった。自由党の人々も私の考えを諒とし脱退を許してくれた。

自由党を脱退した事につき想い出すのは、この脱退が芝居がかりで行われたことである。隣村に越知村という村があり、仁淀《によど》川という川が流れていて、その河原が美しく、広々としていたが、この河原で自由党の大懇親会が開かれた事があった。私は党を脱退するにつき、気勢を挙げねばいかんと思い、紺屋《こうや》に頼んで旗を作り、魑魅魍魎《ちみもうりょう》が火に焼かれて逃げて行く絵を書いてもらった。我々の仲間は、この奇抜な旗を巻いて大懇親会に臨んだ。我々の仲間は十五、六人程いた。佐川の我々の仲間は、この奇抜な旗

会場に入ると、各村々の弁士達が入替り立替り、熱弁を揮っていた。その最中、私達はその旗をさっと差出し、脱退の意を表し、大声で歌をうたいながら会場を脱出し

た。この旗は今でも保存されている筈である。

明治十五年、十六年の二年間は専ら郷里で科学のために演説会を開催したり、近傍に採集に出掛けたり、採集物を標品にしたり、植物の図を画いたりして暮らした。

明治十七年にどうもこんな佐川の山奥にいてはいけんと思い、学問をするために東京へ出る決心をした。そして二人の連《つれ》と共に東京へ出た。

東京へ出て各々下宿へ陣取ることになった。私の下宿は飯田町の山田顕義《あきよし》という政府の高官の屋敷近くで、当時下宿代が月四円であった。

下宿の私の部屋は採集した植物や、新聞紙や、泥などでいつも散らかっていたので、牧野の部屋は狸の巣のようだとよくいわれたものである。

同行の二人は学校へ入学したが、私は学校へは入らずに居るうち、東京の大学へ連れて行ってもらう機会がきた。

東京の大学の植物学教室は当時俗に青長屋といわれていた。植物学教室には、松村任三《じんぞう》・矢田部良吉・大久保三郎の三人の先生がいた。この先生等は四国の山奥からえらく植物に熱心な男が出て来たというわけで、非常に私を歓迎してくれた。私の土佐の植物の話等は、皆に面白く思われたようだ。

それで私には教室の本を見てもよい、植物の標品も見てよろしいというわけで、なかなか厚遇を受けた。私は暇があると植物学教室に行き、お蔭で大分知識を得た。当時、三好学・岡村金太郎・池野成一郎等はまだ学生だったが、私は彼等とは親しく交際した。私は教室の先生達とも親しく行き来し、松村任三・石川千代松さんなどは、私の下宿を訪ねてくれたし、私も松村・大久保両氏と共に矢田部さんの自宅に招かれて御馳走にあずかったこともあった。

東京近郊における採集

その頃、東京近郊の採集は、盛んにやったが、ある時岐阜の学校にいた、三好の同郷の男の森吉太郎という男が、上京して来た折、三好・森・私の三人で平林寺に採集に出掛けたことがあった。その頃は交通は全く不便で、西片町の三好の家から出発し、白子・野火止・膝折を経て平林寺へ出るというコースで、往復十里余も歩いた。その時平林寺の附近で、四国では見られない「かがりびそう」をはじめて採集したことを憶えている。

三好学と私とは、仲がよかった。三好はどちらかというと、もちもちした人づきの悪い男だった。岡村金太郎は、三好とは反対の性格で気持の極めてさらさらした男だった。三好と岡村とはよく喧嘩をした。岡村が書庫の鍵を失くし三好がそれを教授に言いつけたとかで、えらい喧嘩のあったこともあった。

池野成一郎とも私は大変親しくした。池野は頭の良い男で、フランス語が上手だったが、英語も一寸の間に便所の中か何処かで簡単に憶えてしまった。池野については、別に詳しく述べることにする。

東京の生活が飽きると、私は郷里へ帰り、郷里の生活が退屈になると、また東京へ出るという具合に、私は郷里と東京との間を、大体一年毎に往復した。

市川延次郎（後に田中と改姓）・染谷徳五郎という二人の男が、当時選科の学生で、植物学教室にいたが市川は器用な男で、なかなか通人であり、染谷は筆をもつのが好きな男だった。私はこの両人とは極めて懇意にしていた。市川の家は、千住大橋にあり、酒店だったが、私はよく市川の家に遊びに行った。

「植物学雑誌」の創刊

ある時市川・染谷・私と三人で相談の結果、植物の雑誌を刊行しようということになった。原稿も出来、体裁も出来たので、一応矢田部先生に諒解を求めて置かねばならんと思い、先生にこの旨を伝えた。

その時矢田部先生がいうには、当時既に存在していた東京植物学会には、まだ機関誌がないから、この雑誌を学会の機関誌にしたいということであった。

このようにして、明治二十年私達の作った雑誌が、土台となり、矢田部さんの手がそれに加わり、「植物学雑誌」創刊号が発刊されることとなった。

白井光太郎《みつたろう》君などは、この雑誌が続けばよいと危惧の念を抱いていたようだ。

当時この種の学術雑誌としては既に「東洋学芸雑誌」があったが、「植物学雑誌」が発刊されると、間もなく「動物学雑誌」「人類学雑誌」が相継いで刊行されるようになった。

私は思うに、「植物学雑誌」は武士《さむらい》であり、「動物学雑誌」の方は町人であったと思う。というわけは「植物学雑誌」の方は文章も雅文体で、精練されていたが、「動物学雑誌」の方は文章も幼稚ではるかに下手であった。

当時「植物学雑誌」の編集の方法は、編集幹事が一年で交代する制度だった。堀正《しょう》太郎《たろう》君などは、横書を主張し、堀君の編集した一ヵ年だけは雑誌が横書きになっている。

雑誌は各頁、子持線で囲まれ、きちんとしていて気持がよかった。そのうち、何時の間にかこの囲み線は廃止されたが、私は今でも雑誌は囲み線で囲まれているのがよいと思っている。

小石川の植物園には、中井誠太郎という人が事務の長をしていた。この人は笑い声に特徴があった。現在の植物学教室の教授をしている中井猛《たけの》之進《しん》君の父君である。

私は盛んに方々に採集旅行をしたが、日光・秩父・武甲山・筑波山等にはよく出かけた。

自分は植物の知識が殖えるにつけ、日本には植物誌がないから、どうしてもこれを作らねばならんと思い、これが実行に取掛った。

植物の図や文章をかくことは別に支障はなかったが、これを版にするについて困難があった。私は当時（明治十九年）東京に住む考えは持っていなかったので、やはり郷里に帰り、土佐で出版する考えであった。郷里で出版するには自身印刷の技術を心得ていなければいけんと思い、一年間神田錦町の小さな石版屋で石版印刷の技術を習得した。石版印刷の機械も一台購入し郷里へ送った。

併しその後出版はやはり東京でやる方が便利なので、郷里でやる計画は止めにした。

この志は明治二十一年十一月になって結実し、『日本植物志図篇』第一巻第一集が出版された。私の考えでは図の方が文章よりも早わかりがすると思ったので、図篇の方を先に出版したわけであった。

この第一集の出版は、私にとって全く苦心の結晶であった。日本の植物誌をはじめて打建てた男は、この牧野であると自負している。

「破門草事件」

明治十九年頃は大学では植物を研究していたがまだ学名をつける事はせず、ロシアの植物学者マキシモヴィッチ氏へ、標品を送って学名をきめてもらっていた。私も標品をマキシモヴィッチ氏に送っていた。マキシモヴィッチ氏は私に大変厚意を寄せてくれ、本を送って来るにつけても、大学に一部、私に一部という風であった。

その頃、「破門草事件」という事件があった。ことの真相を知っているのは今日では私一人であろう。

それは矢田部良吉教授が戸隠山で採集した「とがくししょうま」の標品を、マキシモヴィッチ氏に送った。ところがマキシモヴィッチ氏は、その植物を研究したところ、新種であったので、これに矢田部さんに因んでヤタベア・ジャポニカという名をつけた。それについても少し材料が欲しいから、標品を送るように手紙が教室にきた。この手紙のことをある時、教室の大久保さんが、その頃よく教室にきた伊藤篤太郎君に話した。大久保さんは、伊藤の性質をよく知っているので、この手紙を見せるが、お前が先に名を付けたりしないという約束をした。ところがその後三ヵ月程経ってイギリスの植物雑誌の「ジョーナル・オブ・ボタニイ」誌上に同じ植物に関し伊藤が報告文を載せ、「とがくししょうま」にランザニア・ジャポニカなる学名を付して公表していた。

これを見て、矢田部・大久保両氏は大変怒り、伊藤篤太郎に対し教室出入を禁じてしまった。この事から、「とがくししょうま」の事が「破門草」と呼ばれたわけである。

私は伊藤君は確かに徳義上よろしくなかったが、同情すべき点もあったと思う。「とがくししょうま」は矢田部氏が採集する前に、既に伊藤がこの植物を知っていて、ポドフィルム・ジャポニクムなる名を付し、それがロシアの雑誌に出ていた。だから彼にして見れば自分が研究した植物に「ヤタベア」などと名をつけられては面白くなかったのだろうと思う。

『日本植物志』に対する松村任三博士の絶讃

『日本植物志』第一巻第一集が出たのは、明治二十一年十一月であったが、当時大学の助教授であった松村任三先生は、私のこの出版を非常に讃め称えてくれ、私のために特に批評の筆をとられ、その中には、「余は今日只今、日本帝国内に、本邦植物図志を著すべき人は、牧野富太郎氏一人あるのみ」の句さえあった。

松村先生は、当時独逸《ドイツ》から帰朝されたばかりで専ら植物解剖学を専攻され、分類学はまだやっておられなかった。

図篇の版下《はんした》は、総て自分で画き、日本橋区呉服橋にあった刷版社で石版印刷にし、神田区神保町にあった敬業社で売らしていた。この図篇は、第二集、第三集と続いて出版された。

露国のマキシモヴィッチ氏はこれに対し非常に中の図が正確であるといって、遥々《はるばる》絶讃の辞を送ってきた。

矢田部良吉博士〔と〕の支吾

図篇第六集が出版されたのが、明治二十三年であったが、この年私には、思いもよらぬ事が起った。というのは大学の矢田部良吉教授が、一日私に宣告して言うには、「自分もお前とは別に、日本植物志を出版しようと思うから、今後お前には教室の書物も標品も見せる事は断る」というのである。私は甚だ困惑して、呆然としてしまった。私は麴町富士見町の矢田部先生宅に先生を訪ね、「今日本には植物を研究する人は極めて少数である。その中の一人でも圧迫して、研究を封ずるような事をしては、日本の植物学にとって損失であるから、私に教室の本や標品を見せんという事は撤回してくれ。また先輩は後進を引立てるのが義務ではないか」と懇願したが、矢田部先生は頑として聴かず、「西洋でも、一つの仕事の出来上る迄は、他には見せんのが仕来りだから、自分が仕事をやる間は、お前は教室にきてはいかん」と強く拒絶された。私は大学の職員でもなく、学生で〔も〕ないので、それ以上自説を固持するわけにはゆかなかったので、悄然と先生宅を辞した。

当時私は日本ではじめて「むじなも」を発見していたが、その研究を大学でやる事が不可能になったので、困惑していたが、池野成一郎君の厚意で、ともかくも駒場の農科大学の研究室でこの研究を続行する事ができた。私は矢田部教授の処置に痛く失望悲憤し、自分に厚意をもつマキシモヴィッチ氏を遠く露都に訪《と》わんと決心した。ところが、幸か不幸か、突然マキシモヴィッチ氏の急死の報に接し、私の露国行の計画は中止のやむなきに至った。当時、所感を次のように綴った。

所　感

結網学人

専攻斯学願樹功
微軀聊期報国忠
人間万事不如意
一身長在轗軻中
泰西頼見義侠人
憐我衷情傾意待
故国難去幾踟躕
決然欲遠航西海

一夜風急雨黳黳
義人溘焉逝不還
倏忽長隔幽明路
天外伝訃涙漕漕
生前不逢音容絶
胸中鬱勃向誰説
天地茫茫知己無
今対遺影感転切

私がもし当時マキシモヴィッチ氏の下に行っていたならば、私の自叙伝もこの先、全く異なったものとなったわけである。

「むかでらん」の学名発表

私はここに矢田部先生のそういう圧迫に抗し、如何なる困難も排除し、『日本植物志』を続刊しようと決心し、自分の採集した新しい植物に学名を附し、記載文を書き、これを誌上に発表してやろうと決心した。池野君もこれに賛成し、色々と助力を与えてくれた。

その頃、わが国では植物に学名を附す事はまだ誰もやっていなかったが、私は『日本植物志』第七集から卒先して植物に学名を附し、記載文を発表しはじめた。この第七集にはじめて学名及び記載文を附して発表した植物は「むかでらん」であった。

第七集は、明治二十四年四月に出たが、続いてどしどし刊行され、同年十月には、第十一集に達した。これらの出版は、私が民間にあってやっていたもので、全くの自費出版であった。第十二集の準備をしている時、郷里から財産整理のため、一応帰国してくれと慫慂《しょうよう》してきたので、私は明治二十四年晩秋に高知へ帰った。

私は帰国に当たり、今度上京したら、矢田部先生と大いに学問上の問題で競争しようと決意した。矢田部先生が、常陸山《ひたちやま》であるならば、私は褌《ふんどし》かつぎであるから、相撲としても申分のない対手だった。

菊池大麓・杉浦重剛両先生の同情

菊池大麓《だいろく》・杉浦重剛《じゅうごう》先生は私の同情者であって、矢田部先生の処置を不当として私に対し、非常な好意を示された。杉浦先生は、国粋主義の「日本新聞」及び「亜細亜」なる雑誌を主宰しておられたが、矢田部を敲《たた》かねばいかんといわれ、「亜細亜」誌上に牧野の『日本植物志』は矢田部のものより前から刊行されており、内容も極めて優れていると書いて、大いに私を引立ててくれた。

高知における西洋音楽の普及運動

郷里へ帰ると、ある日新聞社の記者に誘われて、高知の女子師範にはじめて、西洋音楽の教師として赴任してきた門奈九里という女の先生の唱歌の練習を聴きに行った。高知では、当時西洋音楽というものが、極めて珍しかったのである。

私はこの音楽の練習を聴いていると、拍子のとり方からして間違っていることを感じ、これはいかん、ああいう間違った音楽を、土佐の人に教えられては、土佐に間違った音楽が普及してしまうと思い、校長の村岡某へこの旨を進言した。校長は私の言の如きには全く耳を傾けなかったので、私はその間違いを、技術の上で示そうと思い立ち、高知西洋音楽会なるものを組織した。この会には、男女二、三十人の音楽愛好家が集った。会場は高知の本町にあった満森徳治という弁護士の家であった。そこにはピアノがあった。またオルガンを持込んだり、色々の音楽の譜を集めた。私はこの音楽会の先生になって、軍歌だろうが、小学唱歌集だろうが、中等唱歌集だろうが、大いに歌って気勢を挙げた。ある時は、お寺を借りて音楽大会を催した。ピアノを持出し私がタクトを振って、指揮をした。土佐で西洋音楽会が開かれたのは、これが開《かい》闢《びゃく》以来はじめてであったので、大勢の人が好奇心にかられて参会した。

この間私は高知の延命館という一流の宿屋に陣取っていたので、大分散財した。かくて明治二十五年は高知で音楽のために狂奔しているうちに、夢のように過ぎてしまった。

後に上京した折、東京の音楽学校の校長をしていた村岡範為馳《はんいち》氏や、同校の有力者に運動して、優秀な音楽教師を土佐に送るよう懇請した結果、門奈さんは高知を去ることになった。

矢田部教授の罷免

私が郷里で音楽普及に尽力している頃、東京では矢田部教授罷職事件が起っていた。大学当局が、矢田部良吉教授を突如罷職にしたのである。その原因は、菊池大麓先生と矢田部先生との権力争いであったといわれる。

大学教授を罷職にされた矢田部良吉先生は、木から落ちた猿も同然で、憤慨してもどうにも仕方なかった。私は学問上の競争対手《あいて》としての矢田部教授を失ったわけである。

矢田部先生罷職の遠因は、色々伝えられているが、先生は前に森有礼《ありのり》に伴われ外遊した事もあり、中々の西洋かぶれで、鹿鳴館にダンスに熱中したり、先生が兼職で校長をしていた一橋の高等女学校で教え子を妻君に迎えたり、「国の基」という雑誌に「良人《おっと》を選ぶには、よろしく理学士か、教育者でなければいかん」と書いて物議を醸《かも》したりした。当時の「毎日新聞」には矢田部先生をモデルとした小説が連載され、図まで入っていた。

矢田部先生は、伊豆韮山《にらやま》の人で、父君は江川太郎左衛門に仕えた人であった。令息は今日音楽界に活躍しておられる矢田部勁吉《けいきち》氏である。

矢田部先生は罷職後も植物志を続けねばいかんといい、教室に出てきて『日本植物図解』を三冊出版されたが、後は出なかった。また先生歿後『日本植物編』が一冊出版された。矢田部先生は、大学を退かれて後、高等師範学校の校長になり、鎌倉で水泳中溺死し非業の最期を遂げられた。

月俸十五円の大学助手

　矢田部先生罷職の事があった直後、大学の松村任三先生から郷里の私のところへ手紙で、「大学へ入れてやるから至急上京しろ」といってきた。私は「家の整理がつき次第上京する、よろしく頼む」と書いて返信し、明治二十六年一月上京した。やがて私は、東京帝国大学助手に任ぜられ、月俸十五円の辞令をうけた。

　大学へ奉職するようになった頃には、家の財産も殆《ほとん》ど失くなり、家庭には子供も殖えてきたので、暮らしはなかなか楽ではなかった。私は元来鷹揚《おうよう》に育ってきたので、十五円の月給だけで暮らすことは容易な事ではなく、止むなく借金をしたりした。借金もやがて二千円余りも出来、暮らしが面倒になってきた。

　その時、法科の教授をしていた同郷の土方寧君は、私を時の大学総長・浜尾新《あらた》先生に紹介してくれ、私の窮状を伝え助力方を願った。浜尾先生は大学に助手は大勢いるのだから牧野だけ給料をあげてやるわけにはいかんが、何か別の仕事を与え、特別に給料を出すようにしようといわれ、大学から『大日本植物志』が出版される事になり、私がこれを担当する事になった。費用は大学紀要の一部より支出された。私は浜尾先生のこの好意に感激し、私は『大日本植物志』こそ、私の終生の仕事として、これに魂を打込んでやろうと決心し、もうこれ以上のものは出来ないという程のものを出そう。日本人はこれ位の仕事が出来るのだということを、世界に向かって誇り得るような立派なものを出そうと意気込んでいた。

『大日本植物志』こそ私に与えられた一大事業であったのである。

松村任三博士との睽離《けいり》

その頃から松村任三先生は次第に私に好意を示されなくなった。その原因は、私が植物学雑誌に植物名を屢々《しばしば》発表していたが、松村先生の『日本植物名彙』の植物名と牴触し、私が松村先生の植物名を訂正するようなことがあったりしたので、松村先生は、私に雑誌に余り書いてはいかんといわれた。またある人の助言で松村先生も対抗的に、植物学雑誌に琉球の植物のことなど盛んに書かれたりした。このように松村先生は、学問上からも、感情上からも、私に圧迫を加えるようになった。

……私は大学の職員として松村氏の下にこそおれ、別に教授を受けた師弟の関係があるわけではなし、氏に気兼ねをする必要も感じなかったばかりでなく、情実で学問の進歩を抑える理窟はないと、私は相変らず盛んにわが研究の結果を発表しておった。それが非常に松村氏の忌諱《きき》にふれた。松村氏は元来好い人ではあるが、狭量な点があって、これを大変に怒ってしまった。他にもなお松村氏から話し出された縁談のことが成就しなかったので、それでも大分感情を害したことなどあり、それ以来、どうも松村氏は私に対して絶えず敵意を示されるようなことになった。事毎に私を圧迫する。人に向かって私の悪口をさえいわれるという風で、私は実に困った。……『大日本植物志』は余り大きすぎて持運びが不便だとか、文章が牛の小便のように長たらしいから、縮めねばいかんとかいわれた。そのうち、松村先生は『大日本植物志』を牧野以外の者にも書かすといい出した。私は『大日本植物志』は元来私一人のために出来たものなので、総長に相談したところ、それは牧野一人の仕事だといわれたので、松村先生の言を聴かなかった。『大日本植物志』は第四集迄出たが、四囲の情勢が極めて面白くなくなったので、中絶するの止むなきに至った。

教室の人々の態度は、極めて冷淡なもので『大日本植物志』の中絶を秘かに喜んでいる風にさえ見えた。

『大日本植物志』の如く、綿密な図を画いたものは、斯界《しかい》にも少ないから、日本の学界の光を世界に示すものになったと思っている。あの位の仕事は、なかなか出来る人は少ないと自負している。今では、私ももう余りに年老いて、もう再び同様のものを打建る気力はないが『大日本植物志』こそ私の腕の記念碑であると私は考え、自ら慰めている次第である。

執達吏の差押、家主の追立

大学の助手時代初給十五円を得ていたが、何せ、如何《いか》に物価が安い時代とはいえ、一家の食費にも足りない有様だった。月給の上らないのに引換え、子供は次々に生れ、十三人も出来た。財産は費いはたし一文の貯えもない状態だったので、食うために仕方なく借金もしなくてはならず、あちこちと借りるうちに、利子はかさんでくる。そのうちに執達吏に見舞われ、私の神聖なる研究室を蹂躪《じゅうりん》されたことも一度や二度ではなかった。積上げた 夥《おびただ》 しい標品、書籍の間に坐して茫然として彼等の所業を見守るばかりであった。一度などは、遂に家財道具が競売に付されてしまい、翌日知人の間で工面した金で、やっと取戻したこともあった。

家賃も滞りがちで、立退きを命ぜられ、引越しを余儀なくされたことも屢々《しばしば》であった。何しろ親子十五人の大家族だから、二間《ま》や三間の小さな家に住むわけにもゆかず、その上、標品を蔵《しま》うに少なくとも八畳二間が必要ときているので、なかなか適当な家が見つからず、その度《たび》に困惑して探し歩いた。

こうした生活の窮状を救い、一方は学問に貢献しようとして『新撰日本植物図説』を刊行した。その序文には次のようにしたためてあった。

『新撰日本植物図説』序文

余多年意ヲ本邦ノ草木ニ刻シテ日々ニ其品種ヲ探リ其形色ヲ察シ其異同ヲ弁《べん》ジ其名実ヲ覈《ただ》シ集メテ以テ之ヲ大成シ此ニ日本植物誌ヲ作ルヲ素志《そし》トナシ我身命ヲ賭《と》シテ其成功ヲ見ント欲ス曩《さき》ニハ其宿望遂ニ抑フ可カラズ僅カニ一介書生ノ身ヲ以テ敢テ此大業ニ当リ自ラ訾《し》ヲ擲《なげう》ツテ先ヅ其図篇ヲ発刊シ其事漸ク緒《ちょ》ニ就《つき》シト雖《いえど》モ後幾《いくば》クモナク悲運ニ遭遇シテ其梓行《しこう》ヲ停止シ此ニ再ビ好機来復ノ日ヲ待ツノ止ム可カラザルニ至レリ居ルコト年余偶々乏《たまたまぼう》ヲ理科大学助手ニ承ケ植物学ノ教室ニ仕フ裘葛《きゅうかつ》ヲ更《か》フル此ニ四回時ニ同学新ニ大日本植物誌編纂ノ大業ヲ起コシ海内幾千ノ草木ヲ曲尽シ詳説《しょうせつ》ヲ経《けい》トシ精図ヲ緯《い》トシ以テ遂ニ其大成ヲ期シ洵《まこと》ニ此学必須《ひっす》ノ偉宝ト為サントス余幸ニ其空前ノ成挙ニ与リ其編纂ノ重任ヲ 辱《かたじけの》フスルヲ得テ年来ノ宿望漸ク将ニ成ラントスルヲ欣《よろこ》ビ奮ツテ自ラ其説文ヲ起コシ其図面ヲ描キ拮据《きっきょ》以テ日ニ其業ニ

従ヘリ而シテ其書タル精ヲ極メ微《び》ヲ闡《ひら》キ以テ本邦今日日新学術ノ精華ヲ万国ニ発揚スルニ足ルベキモノト為サント欲スルニ在ルヲ以テ之ヲ済《な》ス必ズヤ此ニ幾十載ノ星霜ヲ費ス可ク其間日夜孳々《しし》事ニ之レ従ヒ其精神ヲ抖擻《とそう》シ其体力ヲ竭尽《けつじん》スルニ非ザルヨリハ何ゾヨク此大業ヲ遂ゲ以テ同学企図ノ本旨ニ副《そ》フヲ得ンヤ此ニ於テカ専心一意之ニ従事センガ為メニ始メテ俗累《ぞくるい》ヲ遠《とおざ》クルノ必要ヲ見ル」余ヤ土陽僻陬《どようへきすう》ノ郷ニ生レ幼時早ク我父母ヲ喪《うしな》ヒ後初メテ学ノ門ニ入リ好ンデ草木ノ事ヲ攻《おさ》メ復歳華《またさいか》ノ改マルヲ知ラズ其間斯学ノタメニハ我父祖ノ業ヲ廃シ我世襲《せしゅう》ノ産ヲ傾ケ今ハ既ニ貧富地ヲ易《か》ヘ疇昔《ちゅうせき》ノ煖飽《だんぽう》ハ亦何《いず》レノ辺ニカ在ル蟋蟀《こおろぎ》鳴キテ妻子ハ其衣ノ薄キヲ訴ヘ米櫃《べいき》乏ヲ告ゲテ釜中《ふちゅう》時ニ魚ヲ生ズ心情紛々　寧《いずくん》ゾ俗塵ノ外ニ超然《ちょうぜん》タルヲ得ン耶」既ニ衣食ノ愁アリ塵外《じんがい》ノ超然得テ望ム可ラズ顧レバ附托ノ大任横ハツテ眼前ニ在リ進ンデ一ニ身ヲ其業ニ委スル能ハズ此ニ於テカ余ハ日夜其任務ノ尽ス能ハザルヲ憂《うれ》ヒ其公命ニ負《そむ》クノ大罪ヲ惧《おそ》レ又遂ニ我素志ノ果ス可ラザルヲ想ヒ時ニ心緒《しんちょ》乱レテ麻ノ如キモノアリ」余今ハ既ニ此大業ヲ執リテ矻々《こつこつ》事ニ是レ従フト雖モ俗累肘《ぞくるいちゅう》ヲ内ニ掣シテ意ノ如クナラズ其間歳月無情逝《ゆき》テ人ヲ待タズ而シテ人生寿ヲ享《う》クル能ク幾時ゾ今ニシテ好機若シ一度逸セバ真ニ是レ一生ノ恨事《こんじ》之ニ過グルナシ千思《せんし》又万考《ばんこう》速《すみやか》ニ我身ヲ衣食ノ煩累《はんるい》ト絶ツノ策ヲ画スルノ急要ナルヲ見又今日本邦所産ノ草木ヲ図説シテ以

テ日新ノ教育ヲ翼《たす》ク可キ者ノ我国ニ欠損《けっそん》シテ而シテ未ダ備ハラザルヲ思ヒ此ニ漸ク一挙両得ノ法ヲ覓《もと》メ敢テ退食《たいしょく》ノ余暇ヲ偸《ぬす》ンデ此書ヲ編次シ乃《すなわ》チ書賈《しょこ》ヲシテ之レヲ刊行セシメ一ハ以テ刻下教育ノ須要ニ応ジ一ハ以テ日常生計ノ費ヲ補ヒテ身心ノ怡晏《いあん》ヲ得従容《しょうよう》以テ公命ニ答ヘント欲ス而シテ余ヤ素《も》ト我宿志《しゅくし》ヲ遂ゲレバ則チ足ル故ヲ以テ彼ノ大学企図ノ大業ニ従フヲ以テ我畢生《ひっせい》ノ任トナシ其任ヲ遂グルヲ以テ我無上の娯楽トナスノ外敢《あえ》テ富貴ヲ望ムニ非ズ今ヤコノ書ノ発刊ニ臨ミテ之ヲ奇貨《きか》トシ又何ゾ妄《みだ》リニ巧言《こうげん》ヲ弄《ろう》シテ世ヲ瞞《あざむ》キ以テ名ヲ干《もと》メ利ヲ射ルノ陋醜《ろうしゅう》ヲ為サンヤ敢テ所思ヲ告白シテ是ヲ序ト為ス」

時ニ明治三十年又二年己亥一月中澣《ちゅうかん》

結網《けつもう》学人　牧野富太郎　識

然しこの書籍も私の生活を救うことにはならなかった。

可憐の妻

その間、私の妻は私のような働きのない主人にも愛想をつかさず、貧乏学者に嫁いできたのを因果だと思ってあきらめてか、嫁に来たての若い頃から芝居も見たいともいわず、流行の帯一本欲しいといわず、女らしい要求一切を放って、陰になり陽になって絶えず自分の力となって尽してくれた。

この苦境にあって、十三人もの子供にひもじい思いをさせないで、とにかく学者の子として育て上げることは全く並大抵の苦労ではなかったろうと、今でも思い出す度に可哀そうな気がする。

こうして過ぎゆくうちにも松村教授との睽離のことがあって、私の月給はなかなか上げてもらえなかった。箕作《みつくり》〔佳吉〕学長は私に「君の給料も上げてやりたいが、松村君を差置いてはできない」といわれた。

この苦境の中にあって私は決して負けまいと決心し、他日の活躍に備え潜勢力を貯えるのがよいと考え、論文をどしどし発表した。しかし金銭の苦労はともすれば、研究を妨げ、流石《さすが》に無頓着な私も明日は愈々《いよいよ》家の荷物が全部競売にされるという前の晩などは、頭の中が混乱してじっと本を読んでもいられなかった。この苦しい時に、私は歯をくいしばりながら一心に勉強し、千頁以上の論文を書きつづけた。この論文が後に私の学位論文となったものである。

池野成一郎博士との親交

池野成一郎君は明治二十三年東大の植物学教室を卒業したが、私は彼とは極めて親しく交際した。池野と私とは、自然に気が合っていたというのか親友の間柄であった。東京郊外への採集にも二人で屢々出掛けた。アズマツメクサは、明治二十一年日本に産することが、はじめて判った植物だが、これも私と池野とが大箕谷《おおみや》八幡下の田圃《たんぼ》で一緒に発見したものだ。池野は非常に学問の出来る秀でた頭脳の持主で、かの世界的発見たるソテツの精虫の発見などは、あまりにも有名な業蹟である。平瀬作五郎のイチョウの精虫発見なども池野に負うところが少なくない。

池野は、はじめから私に対し人一倍親切であったし、私も池野に最も親しみを感じていた。『日本植物志』の刊行に際しても、また矢田部教授の圧迫を受けた時も、私は同君の大いなる助力を受けた。池野の友誼は私の忘れ得ないものだ。

大学卒業後、池野は滅多に植物学教室へ見えなかったが、たまには来た。私は他から「僕は牧野君がいるからそれで行くのだ」といっていたと聞き、この上もなく嬉しく感じた。池野が夏に私の家へ訪ねて来ることがあると、早速上衣を脱ぎ、両足を高く床柱へもたせ、頭を下にし体を倒《さかさま》にして話をしたりしたものだ。こんな無遠慮なことが平気な程二人は親しかったのだ。

青山練兵場の「なんじゃもんじゃ」

池野がまだ学生の頃、青山練兵場のナンジャモンジャの木（この木は本名をヒトツバタゴという）の花を採ろうと話し合い、夜中に採集を強行した事があった。樹が高くてとれないので一人の人力車夫を傭うてきて、樹に登らせ、その花枝を折らせた。夜中で人が見ていないから自由に採れたし、練兵場も荒れていて、この樹も後年のように大事がられなかったので、採集に成功したわけである。それに学術資料を採るのだから、そう罪にはなるまいと考えた。この時の花の標品が今なお私のハァバリウムの中に保存されているが、ナンジャモンジャの木は寿命が尽きて、数年前には枯れてしまったので、今では当時の標品がまたと得難き記念標品となっている。また当時本郷の春木町に、梅月という菓子屋があって、ドウランと呼ぶ栗饅頭式の菓子を売っていた。形が煙草入れの胴籃《どうらん》見たようで、この名があったのだが、大層うまかったので、池野と二人で度々食いに行ったものである。

世界的発見の数々

昔、徳川時代の学者は木曾や日光に植物採集に出掛け随分苦心したというが、私の採集旅行の足跡に比べたら物の数ではないと思う。

私は胴籃を下げ、根掘りを握って日本国中の山谷を歩き廻って採集した。しかもそれは昔の人とは比べものにならない程頻繁で且つ綿密なものであった。なるべく立派な標品を作ろうと、一つの種類も沢山採取塑定し、標品に仕上げた。この標品の製作には、私は殆んど人の手を借りたことはなかった。こうした努力の結晶は今日、何十万の標品となって、私のハァバリウムに積まれている。

私はこれらの標品を日本の学問のために一般に陳列し、多くの人々の参考に供したいと、つねづね考えているが、資力がないために出来ず、塵に埋らせて置くを残念に思っている。

私はこうして実地に植物を観察し、採集しているうちに随分と新しい植物も発見した。その数ざっと千五、六百にも達するであろうか。また属名・種名を正したり、学名を冠したりした。そのため、私の名は少しく世に知られてきた。

私の発見中、世に誇り得るものと考え、植物学上大いなる収穫であったと信ずるものの名を次に挙げて見たい。

天城山の寄生植物と土佐の「やまとぐさ」

明治十六年に、時の東京大学御用掛で、植物学教室に勤務していた大久保三郎氏が、当時大学で発行していた「文芸志林」に、伊豆天城山で珍しい寄生植物を発見した、この種類は、多分ラフレッシア科のものであろうと発表されたが、私がその前後に郷里の土佐で見つけていたツチトリモチ属の一種の標品を大学に送ってみると、はたして私の考え通り同属のものであったので、バラノホラ・ジャポニカ・マキノという学名で発表した。

同じく十六年に矢田部博士発見のヒナノシャクジョウを土佐の故郷で採集し、露国のマキシモヴィッチ氏に送り学名を得たこともあった。明治十七年に私ははじめてヤマトグサを土佐で採集したが、その翌年に渡辺という人がその花を送ってくれたので、私は大学の大久保君と共に研究し学名を附し発表した。これによってはじめて日本にヤマトグサ科という新しい科名を見るに至った。この属のものは世界に於てただ三種、すなわち欧洲に一、支那に一、わが国に一という珍草である。

小岩村で「むじな藻」の発見

明治二十一年頃にミゾハコベ科のエラチネ・オリエンタリス・マキノという植物を発表した。

明治二十三年五月十一日、ハルゼミは最早ほとんど鳴き尽くして、どこを見ても青葉若葉の五月十一日、私はヤナギの実の標本を採ろうとして一人で東京を東にへだたる三里ばかりの、元の南葛飾郡小岩村伊予田《ようだ》におもむいた。江戸川の土堤内の田の中に、一つの用水池があって、その周囲にヤナギの類が茂って小池を掩《おお》うていた……。

と私の採集記には、その頃のことをこんな風に書き出している。

その江戸川の土堤内の用水池の周囲にヤナギが茂っているので、その実を手折《たお》ろうとした刹那《せつな》、ふと水面を見ると異形なものが浮んでいるので、早速とりあげて見たが、全く見慣れぬ水草なので驚いて大学へ持帰り、皆に見せると、皆も非常に驚いたが、矢田部教授は書物の中に思い当たるものがあるといい、その学名を探してくれたが、これは当時僅かに欧洲と印度と濠洲の一部とにのみ産するといわれたムジナモであった。後に黒竜江の一部、朝鮮、満洲にも発見されるようになったが、当時この発見は正に青天の霹靂《へきれき》の感があったものだ。

これと前後して私は、ヒシモドキという隣邦支那にのみ産するといわれていた植物を発見し、三十五年には伊勢の本郷というところで、寺岡、今井、植松の三氏の採集した新種を研究したところ、本邦ではじめて発見されたものであったのでこれに学名を下し、ホンゴウソウなる和名を附した。この植物は全体が紫色の小草で、葉がなく生えている様は一寸植物とは思えない姿をしている。

同じ頃土佐で時久という人が同属のものを一種とって見せにきたが、これにはトキヒサソウ一名ウエマツソウなる和名及び学名を附した。この二種は皆熱帯産のものでこれをわが国に得たことは分布学上に興味ある問題をなげた。

明治三十六年には、当時、東京博物館の天産課に勤務されていた桜井氏から、恵那山附近でとった標品を送られたが、これもわが国新発見のものであり、美濃出身の三好学君とこの桜井氏に敬意を表するためにミヨシア・サクライイ・マキノなる学名を附したが、その後不幸にしてマレー産に同属のものがあったのを知り、これを改称した。しかるに欧米の学者はユリ科に入れているが、私はこれは新科をつくるものとして研究した結果ペトライア・ミヨシア・サクライイ・マキノとした。

明治四十年に私は日本の南部にヤッコ草という新属新科のものを発見し、ミトラステモン・ヤマモトイ・マキノとした。これは最も珍しい植物である。

第一の受難

私の長い学究生活は、いわば受難の連続で、断えず悪戦苦闘をしながら今日に来たのであるが、まずこれを前後二つの大きい受難としてみることが出来る。

私は土佐の出身で、学歴をいえば小学校を中途までしか修めないのであるが、小さい時から自然に植物が好きで、田舎ながらも独学でこの方面の研究は熱心に続けていたのである。

それで明治十七年に東京へ出ると、早速知人の紹介で、大学の教室へ行ってみた。時の教授は矢田部良吉氏で、松村任三氏はその下で助手であった。それで矢田部氏などに会ったが、何でも土佐から植物に大変熱心な人が来たというので、皆で歓迎してくれて、教室の本や標品を自由に見ることを許された。それから私は始終教室へ出かけて行っては、ひたすら植物の研究に没頭した。

その当時、日本にはまだ植物志というものが無かったので、一つこの植物志を作ってやろう――そういうのが私の素志であり目的であった。もと私の家は酒屋で、多少の財産もあり、両親には早く別れ兄弟は一人もないので、私がその家をついだので、財産は自由になるからその金で私は東京へ出たのである。で、植物志を出版するには土佐へ帰ってゆっくりやろうという考えであった。しかし植物志を作るには図を入れなければならぬが、その当時土佐には石版の印刷所がない。そこで一年間石版屋へはいって、石版印刷の稽古をしたのであった。それに自分でいうのも変だが、私は別に図を描く事を習ったわけではないが、生来絵心があって、自分で写生なども出来る。そこで特に画家を雇うて描かせる必要もないので、まずどうにか独力でやってゆけると考えたのである。

ところが、そのうちに郷里へ帰ることが段々厭になって一つ東京でこれを出版してやろうという気になり、いよいよ著述にかかった。もっとも当時は植物学が今のように発展せぬ時代だから、そんな物を出版したところで売れはしない。で出版を引受ける書店のあろう筈もないので、自費でやることを決心し、取敢えず『日本植物志図篇』という図解を主にしたものを出版した。勿論薄っぺらなものではあったが、連続して六冊まで出した。大学の教室へ行って、そこの書物や標品を参考にしていたことはいうまでもない。

しかるにこの時になって、矢田部博士の心が変わって来た。ある日、博士は私に対《むか》って「実は今度自分でこれこれの出版をすることになったから、以後、学校の標品や書物を見ることは遠慮してもらいたい」

こういう宣告を下された。大学からみれば、私は単なる外来者であるから、教授からこういわれてみれば、どうしようもないが私は憤慨にたえないので、矢田部博士の富士見町の私宅を訪ねて、

「今、日本には植物学者が大変少ない。だから植物学に志す者には、出来るだけ便宜を与えるのがわが学界のためである。且《か》つ先輩としては後進を引立てて下さるのが道であろうと思う。どうか私の志を諒として、今までのように教室への出入りを許していただきたい」

そういって、大いに博士を説いてみたが、博士は肯《うべな》ってはくれなかった。

私が思い切ってロシアへ行こうと決心したのは、その時である。ロシアにはマキシモヴィッチという学者がいて、明治初年に函館に長くおったのであるが、この人が日

本の植物を研究してその著述も大部分進んでいるという事であった。私はこれまでよくこの人に標品を送って、種々名称など教えて貰っていたが、私の送る標品には大変珍しいものがあるというので、大いに歓迎してくれ、先方からは同氏の著書などを送ってよこしたりしていた。この時分には私もかなり標品を集めていたからこれを全部持って、このマキシモヴィッチの許《もと》へ行き大いに同氏を助けてやろうと考えたのである。しかし、この橋渡しをしてくれる人がないので、私は駿河台のニコライ会堂へ行って、そこの教主に事情を話してたのんだ。すると、よろしいと快諾してくれ、早速手紙をやってくれた。

しばらくすると、返事が来たが、それによると、私からの依頼が行った時、マキシモヴィッチは流行性感冒に侵されて病床にあった。私の行く事を大変喜んでいたが、不幸にして間もなく死んでしまったということで、奥さんか娘さんかからの返事だったのである。それで私のロシア行きも立消えとなってしまった。

博士と一介書生との取組

こんな訳で、私は独立して研究を進めるにしても、顕微鏡などの用意はないし、参考書は不自由だし、全く困ってしまった。そこで止むなく農科大学の教室へ行って、図などをそこで描かせてもらっていた。日本ではじめて私の発見した食虫珍草ムジナモの写生図はそこで描いたものである。

しかし、考えてみると、大学の矢田部教授と対抗して、大いに踏ん張って行くということは、いわば横綱と褌担ぎとの取組《とりくみ》みたようなもので、私にとっては名誉といわねばならぬ。先方は帝国大学教授理学博士矢田部良吉という歴とした人物であるが、私は無官の一書生に過ぎない。海南土佐の一男子として大いにわが意気を見すべしと、そこでは私は大いに奮発して、ドシドシこの出版をつづける事にし、今迄隔月位に出していたのを毎月出すことにした。

植物には世界に通用する学名《サイエンチフィック・ネーム》というものがあるが、その時分にはまだ日本では新種の植物に新たにこの学名をつける日本の学者は殆どなかった。そこで第七冊からは私は新たにこの学名をつけはじめ、欧文で解説を加え、面目を新たにして出すことになった。その時、親友の池野成一郎博士はいろいろ親切に私の面倒を見てくれた。

その時、今は故人となられた杉浦重剛先生に御目にかかってこの矢田部氏の一件を話すと、先生も非常に同情して下すって、

「それは矢田部君が悪い。そんな事をするなら、一つ『日本新聞』にでも書いて、懲らしてやるがよい」

「日本新聞」といえば、当時なかなか勢力のあったもので、それに先生の知人がいるということであった。それからやはり先生が関係しておられたのであろう「亜細亜」という雑誌で、矢田部の著書より私の方が日本の植物志として先鞭をつけたものであるというような事が載った。これも杉浦先生の御指図であったそうである。

またある時、矢田部氏の同僚である菊池大麓博士にこの事を話したところ、

「それは矢田部が怪《け》しからぬことだ」

と、私に大変同情して下すったこともある。こうした苦難の間にも、私はとにかく矢田部氏に対抗しつつ、出版を続けて十一冊まで出した。ところが、この頃になって、郷里の家の財産が少しく怪しくなって来た。私はこれまでの生活費だとか、書籍費だとか、植物採集の旅行費だとか、また出版費だとか、すべて郷里からドシドシ取寄せては費っていたので、無論そういつまでも続く筈はなかったのである。それで郷里からは一度帰って整理をしてくれといって来るので、やむなく私は二十四年の暮に郷里へ帰った。

整理をすませたら、また出て来て今度は大いに矢田部氏に対抗してやる考えであっ

た。ところが、私が郷里へ帰ったあとで、矢田部氏は急に大学を罷職になってしまった。もとより私との喧嘩が原因したわけでなく、他に大いなる原因があったのであるが、とにかく当面の敵が大学を退いてみると、また多少の感慨がないこともなかった。これでまず第一の受難は終ったわけだ。

浜尾総長の深慮

次に来た受難こそ、私にとって深刻を極めたものであった、その深手を負ったその時の瘡痍《そうい》がまだ今日まで残っているものがある。

矢田部氏の後をついで大学の教授になったのは松村任三氏であるが、私は菊池大麓先生の推挙によってこの松村氏の下で、明治二十六年に助手としてはじめて大学の職員につらなることになった。丁度郷里の財産が無くなってしまった時に、折よく給料を貰うことになったので、大変都合がよかったかに思われるが、実はその時の給料がたった十五円で、私のこの後の大厄もこの時に已《すで》に兆《きざ》しているのである。

「芸が身を助ける程の不仕合せ」ということがあるが、道楽でやっていた私の植物研究はここに至って唯一の生活手段となったのである。が、何分学歴もない一介書生の身には、大学でもそう優遇してはくれず、といってそれに甘んじなければならぬ私の境遇であった。

ところで、私の家庭はというと、もうその頃には妻もあるし子供も生まれるし、その上私は従来雨風を知らぬ坊ッチャン育ちであまり前後も考えないで鷹揚に財産を使いすてていたのが癖になっていて、今でも友人から「牧野は百円の金を五十円に使った人間だから――」なんて笑われるくらいで、金には全く執着のない方だったから、とても十五円位で生活が支えて行ける筈はなく、たとい極《ごく》つましくやってもとても足りない。勢い借金をせずにはいられなかった。

大学に勤めておれば、またそのうちにはどうにかなるだろうとそれを頼みの綱として、借金をしながら生活したわけであるが、それでとうとう殖えて遂に二千円程の借金が出来てしまった。

その頃の大学の総長は浜尾新氏であった。法科の教授をしていた土方寧氏は、私とは同郷の関係もあり、私の窮状に大層同情して、例の『植物志図篇』を持出し、これを浜尾さんに見せて、

「こういう書物を著したりした人だから、もう少し給料を出してやってはどうか」

こういう相談をしてくれた。浜尾さんはその書物を見て、

「これは誠に結構な仕事だ。学界のために喜ぶべきであるが、本人が困っているなら自費でやることは出来なかろうから、むしろ新たに、大学で植物志を出版するように計画したがよかろう」

こういう事で、浜尾さんのお声がかりで『大日本植物志』がいよいよ大学から出版される事になった。そうなれば単なる助手と違って、私は特別の仕事を担当するので、自然給料も多く出せるから、一面は学界のためにもなり、他面には本人の窮状を救うことにもなるという浜尾さんの親切からであった。

ところで、そうなると一方私の借金の整理もしておかねばならぬというので、これも同じ郷里出身の田中光顕伯や、それに今の土方君、今は疾《と》く故人となった友人矢野勢吉郎君などが奔走して下すって、やはり土佐から出た三菱へ話をして、ともかく三菱の本家岩崎氏の助けで、ひとまず私の借金は片づいたわけであった。

そこで肩が軽くなったので、これからうんと力を入れて、世界の何処へ出しても恥しくない様な素晴しい書物を出そうという意気込みで編纂に掛った。そしてようやく第一冊を出した。ところが、端《はし》なくもここにまた私の上に大きい圧迫の手が下ることになった。

圧迫の手が下る

その前から「植物学雑誌」というのがあって、これははじめ私共がこしらえて今でも続いているが、その雑誌へ私は日本植物の研究の結果を続々発表していた。これがどうも松村教授の気に入らなかったと見える。なおお話せねばならぬことは、私が専門にしているのは分類学なので、松村氏の専門も矢張り分類学で、つまり同じような事を研究していたのである。それを私は誰《だ》れ憚《はばか》らずドシドシ雑誌に発表したので、どうも松村氏は面白くない、つまり嫉妬であろう。ある時、

「君はあの雑誌へ盛んに出すようだが、もう少し自重して出さぬようにしたらどうだ」

松村氏からこういわれたことがある。しかし私は大学の職員として松村氏の下にこそおれ、別に教授を受けた師弟の関係があるわけではないし、氏に気兼ねをする必要も感じなかったばかりでなく、情実で学問の進歩を抑える理窟はないと、私は相変らず盛んにわが研究の結果を発表しておった。それが非常に松村氏の忌諱《きき》にふれた、松村氏は元来好い人ではあるが、どうも少し狭量な点があって、これを大変に怒ってし

まった。他にもなお松村氏から話し出された縁組の事が成就しなかったのでそれでも大分感情を害した事などあり、それ以来、どうも松村氏は私に対して絶えず敵意を示されるようなことになった。事毎に私を圧迫する。人に対して私の悪口をさえいわれるという風で、私は実に困った。これが十年、二十年、三十年と続いたのだから、私の苦難は一通りではなかった。

何よりも私の困ったのは、給料のあげて貰えぬ事であった。浜尾さんの親切で、せっかく仕事が与えられ、従って給料もあげてもらう筈であったが、当の松村教授がこんな訳で前にも記した『大日本植物志』の第一冊が出版せられても一向に給料をあげてくれない。

前に述べたように一度借金の整理はしていただいたけれども、給料があがらぬ以上依然として生活に困るのは当然である。僅か十五円偶《たま》にあがれば二十円で子供が五人六人となる私共では到底生活は出来ない。そのうちには、また子供が生まれるとか、病気に罹《かか》るとか、死ぬとか、妻が入院するとか、失費は重なる。子供が多ければ、自然家も大きいのが必要になる。それに私は非常に沢山の植物標品を有《も》っていて、これがために余計な室が二つ位もいる。書物が好きでこれもかなり有っている。そんな訳で、不相応に大きな家が必要だった。

「牧野は学校から貰うのは家賃位しか無いのに、ああいう大きな家にいるのは贅沢だ」

そういって攻撃されたりしたが、これも贅沢どころかやむなくそうしていたのだ。こんな風でまた借金が殖えて来た。金を借りるといっても、各々の仲間にそんな親切な人は少ないから、どうしても高い利子の金を金貸しから借りる。このために私が困ったことは、実に言うに忍びないものがある。

当時の学長は箕作佳吉先生で、松村氏が私へ対する内情をよく知っておられたので、松村氏が私を密かに罷免しようとしても、箕作先生のいる間はその陰謀が達せられなかった。ところが学長が替って、他の科の人がなった時に、この方は私の事をよく知らないので、とうとう松村氏の言を聴いて私を罷職にしてしまった。しかしこれを聞くと、皆が承知しない。

「牧野を罷めさせることはない。そんな事をしては教室が不自由で困る、また教室の秩序も乱れる」

こういって反対をした。それ程私は教室では重宝がられていたものと見える。この反対運動がやかましくなって、今度は私を講師という事にして、また学校へ入れる事になった。以来ずっとこれが今日まで続いているわけである。

これは後の話であるが、停年制のために松村氏が学校を退いた。その時にある新聞に、

「私がどうでもやめねばならぬとすれば、牧野も罷めさせておいて、私はやめる」

松村氏の言として、こんな事が書いてあった。真か偽か知らぬが、とにかく松村氏が私に敵意を持っておったという事は、なかなか深刻なもので、且つ連続的なものであった。しかし松村氏もとうとう私を自由に処分する事は出来ないで、却って講師にしなければならなかったというのは、全く松村氏の面目が潰れたといってよいわけになる。

池長植物研究所

大学で出版しつつあった『大日本植物志』は、こうした中でされたのであるが、これが出ると、その精細な植物の記載文を見て、松村氏は文章が牛の小便のようにだらだら長いとか何とかいって、これに非を打つという風で、私も甚だ面白くない。そこでとうとう棄鉢《すてばち》になって四冊を出しただけで廃してしまった。もしあれが続いていたら、自分でいうのも訝《おか》しいが、世界に出しても恥しくなくまた一面日本の誇りにもな

るものが出来たろうと、今でも腕を撫《ぶ》して残念に思っている次第である。その書は大学にあるから誰れでも一度見て下さい。

大正五年の頃、いよいよ困って殆んど絶体絶命となってしまったことがある。仕方がないので、標品を西洋へでも売って一時の急を救おう――こう覚悟したのであるが、これを知った農学士の渡辺忠吾氏が大変親切に心配してくれて、この窮状を「東京朝日新聞」に出された。大切な学術上の標品が外国へ売られようとしているといって、それをひどく惜しむような記事だったが、これが大阪の「朝日新聞」に転載されて、図らずも神戸に二人の篤志家が現れた。一人は久原房之助《くはらふさのすけ》氏で、今一人は池長孟《はじめ》という人である。池長氏はこの時京都帝大法科の学生だという事であったが、新聞社で相談をしてくれた結果、この池長氏の好意を受ける事になって、池長氏は私のために二万円だか三万円だかを投出して私の危急を救うて下された。永い間のことであり私の借金もこんな大金になっていたのである。その上毎月の生活費を支持しなくては、また借金が出来るばかりだからというので、池長氏は以後私のためにそれを月々償って下される事になった。

この時分池長氏のお父様は既に亡くなっていられたが、この方は大変教育に熱心な人でそのための建物が神戸の会下山《えげやま》公園の登り口に建ててあった。そこへ私の大正五年までの標品を持って行って、ここに池長植物研究所というのをこしらえた。今でも私はここへ毎月行って面倒を見る事になってはいるが、いろいろの事情があって今は池長氏からの援助は途切れ途切れになっている。然しとにかく縁はつながっているのである。

右の時に「大阪朝日新聞」には鳥居素川《そせん》氏がおり、その下に長谷川如是《にょぜ》閑《かん》氏がいられて、私の面倒をよく見て下すった。また「東京朝日」には長谷川さんの兄さんの山本松之助氏が社会部長をしておられて、共々私の事について種々好意を示されたのであった。渡辺農学士は新聞に筆を執っておられたが、後健康の関係で、房州に去り、今は大網の農学校の校長をしておられるのである。この機会に諸氏の御好意を謝しておきたいと思う。

こういう風で、とにかく私の困厄は池長氏のために助けて貰い、爾来今日に及んで私は依然大学の講師を勤めているのである。正式に学問をしなかったばかりでなく大学を出なかった私は、まだ教授でも何でもない。しかし私は運動などしてそれを得ようとはさらさら思っていない。また給料にしても、はじめから一度もあげてくれと頼んだ事はない。私はそんな事が嫌いである。それで今日私の貰っている大学の給料は僅かに大枚七十五円である（数年前久しぶりで十二円ばかりあげてくれたとき「鼻糞と同じ太さの十二円これが偉勲のしるしなりけり」と口吟《くちずさ》んだ）。しかも三十七年勤続の私である。大抵給料というものは、三年なり五年なりにはあがるものであるが、私は依然として前記の額で甘んじている、今日七十五円で一家が支えられよう筈はないが、他は皆私が老骨に鞭打ってやっているのである、それ故不断甚だ忙しい。忙しいのはよいが、生活のためにこの物資を得る仕事で私の本来の研究がどの位妨げられているか料《はか》り知られぬ、その点は平素非常に遺憾に思っている。私はまだ学界のために真剣に研究せねばならぬ植物を山のように持っているのに、歳月は流れわが齢《よわい》余す所幾何《いくばく》もない。感極って泣かんとすることが度々ある。

今こそ私は博士の肩書を持っている。しかし私は別に博士になりたいと思わなかった。これは友人に勧められて、退《の》っ引《ぴ》きならぬ事になって、論文を出した結果である。私はむしろ学位など無くて、学位のある人と同じ仕事をしながら、これと対抗して相撲をとるところにこそ愉快はあるのだと思っている。学位があれば、何か大きな手柄をしても、博士だから当り前だといわれるので、興味がない。私が学位を貰ったのは昭和二年四月であるが、その時こんな歌を作って見た。

何の奇も何の興趣も消え失せて、平凡化せるわれの学問学位や地位などには私は、何の執着をも感じておらぬ。ただ孜々《しし》として天性好きな植物の研究をするのが、唯一の楽しみであり、またそれが生涯の目的でもある。終わりに大学の植物学教室等の諸君は長い間松村氏が絶えず私を圧迫しつつあった時、いずれも皆私に同情して下さった、中にも五島《ごとう》清太郎博士、藤井健次郎博士は、陰になり日向《ひなた》になって、私を庇護して下さったので、私は衷心から感謝している。左の都々逸《どどいつ》は、私が数年前に作ったものだが、私の一生はこれに尽きている。

草を褥《しとね》に木の根を枕、花と恋して五十年

今では私と花との恋は、五十年以上になったが、それでもまだ醒《さ》めそうもない。

全国の植物採集会に招かる

私は商売上、旅行を何百遍となくしたが、費用がかかるから、地方の採集会に講師として招聘される機会を利用し幾らか謝礼をもらうと、それでまた旅行を続けたりした。そんなことが続き続きして今日に至っていたわけである。九州辺へは六年も続けて行ったこともある。私は日本全国各地の植物採集会に招かれて出席し、地方の同好者、学校の先生等に植物の名を教え、また標品に名を附してあげたりした。私の指導した先生だけでも何百人という筈だと思う。

だから、文部省はこの点で私を大いに表彰せねばいけんと思う。

植物採集会で古いのは横浜植物会であって、創立は明治四十二年十月であり、私はこの会の講師であった。創立当時には原虎之助・岡太郎・笠間忠一郎・松野重太郎・福島亀太郎・鈴木長治郎等の人が熱心にこの会のために尽し、後には和田利兵衛・久内清孝・佐伯理一郎氏等も加わったが、素人であって学校の先生も敵《かな》わぬ人も少なくなかった。この会は事務所を横浜市弁天通の丸善薬局に置いていた。

明治四十四年十月には、東京植物同好会が生まれた。私がこの会の会長となった。この会の方は田中常吉という人が世話人であった。

「植物研究雑誌」の創刊

私は自分で自由にできる機関誌がなければ不便なので、大正五年四月「植物研究雑誌」を創刊した。五十円程借金して第一巻第一号を出版する運びとなった。私はこの雑誌の編集には相当の努力を払い、他の人の書いた原稿も、自ら仮名使いを訂正し、文字を正し、一々別の原稿紙へ写しとり、写真を張りつけたり、なかなか面倒なことをした。この雑誌は、いわば私の道楽であった。

その発刊の辞には「本誌は時代之を生めり、我邦の現時は吾人をして寸時も放漫退嬰荀且偸安《こうしょとうあん》を許さざるなり、吾人は国民たるの名誉として、又学に勤むる者の常道として我大日本帝国をして将来世界の中心たらしめんが為に云々」の句にはじまり、「徒《いたずら》に花鳥風月に酔ひ、空文浮辞を弄して閑日月を送るが如きは是れ我輩の事に非ざるなり。余は之が為に実に既往三十余年の長日月間、敢て自家の利害を顧慮せず、敢て自家の毀誉褒貶を度外に措き、悪戦に次ぐに悪闘を以てし今日尚依然として甲装の一卒たり云々」の句がある。私はこの雑誌の巻頭を利用し、植物研究の如何に国家にとって緊急事なるかを説き、第一巻第一号には時の総理大臣大隈〔重信〕伯に進言せる卑見書を発表した。その骨子は、日本土産植物の根本調査の要、有用植物調査の急務、有用植物陳列館設置の急務、有用植物見本園設置の急務、日本有用植物志編成の急務、植物標本蒐集の急務、竹類調査の要等であった。

「植物研究雑誌」には私のいいたいことをどしどし書いた。試みに第一巻からその目次を拾って見ると「植学の語は日本にて作り、植物学の語は支那にて製す」「欵冬《かんとう》はふきに非ず」「栟か榭か」「はこねうつぎは箱根山に産せぬ」「蘇鉄は熱帯植物に非ず、棕櫚《しゅろ》も亦然り」「きりしまつつじ霧島山に無く、うんぜんつつじ温泉岳《うんぜん》に産せず」等々の所論が満載されている。

中村春二先生と私

「植物研究雑誌」はその後、池長氏の方から援助を受けることが困難となり、継続的に刊行することが難しくなったが、私はこれを廃刊することなどは夢想だにもしていなかった。ところがこの時私は、成蹊学園長中村春二《はるじ》先生の知遇を得ることとなり、同誌はその結果枯草の雨に逢い、轍鮒《てっぷ》の水を得たる幸運に際会することを得、秋風蕭殺の境から、急に春風駘蕩の場に転じた。

当時の私の記録にも次のようにしたためてあった。

……枯草ノ雨ニ逢ヒ轍鮒ノ水ヲ得タル幸運ニ際会スルコトヲ得テ本誌ハ為メニ蘇生シ今後続々出版スルコトヲ得ルニ至リ秋風蕭殺ノ境カラ急ニ春風駘蕩ノ場ニ転ジ

夕是レハ全ク中村先生ガ学術ニ忠実ニ情誼ニ厚ク且ツ仁俠ノ気ニ富ンデ居ラル丶ノ致ス所デ私ハ同先生ニ向ツテ衷心カラ感謝ノ意ヲ表スルモノデアル……

これは全く中村先生が学術に忠実で、情誼に厚く、且つ仁俠の気に富んでおらるるの致すところで、私は深く感謝して止まなかった。私が先生を知ったのは、大正十一年七月で先生の統《す》べられておられる成蹊高等女学校の生徒に野州の日光山で植物採集を指導することを依嘱せられ、同先生其他同校職員の方々と共に同山に赴いた時、親《しん》炙《しゃ》する機会に逢著したわけである。日光湯元温泉の板屋旅館を根拠として、生徒は別の一棟に、中村先生と私とは二階に間をとったが部屋が隣なので色々な物語を交した。私は従来の身の上話や雑誌の事などを申上げたところ、先生はよくこれを聴かれ渥《あつ》き同情の心を寄せられ、私に対し非常な好意を示された。中村春二先生に関しては次の事を記さねばならない。それはその後同校の生徒と再び日光に行った時、同じ二階に校長の某氏と間をとった時、はじめて知って感激したのであるが、二度目に行った時は、以前中村先生がおられた部屋に私が入り、私のいた部屋に某氏が入ったのであるが、私が前年にいた部屋は、上等な良い部屋だったのに、今度は狭い次の間であった。思えば中村先生は私に客人としての礼を尽され、自らは次の間に下って私を良い部屋に入れて下すったわけであった。私は校長の某氏が良い部屋に収まり、私を次の間に入れ平然たるのを見て、世には良く出来た人間と、良く出来ぬ人間とのあることを、深く感じたのであった。

哀しき春の七草

中村先生はまた『植物図説』刊行のため、毎月何百円かを私のために支出して下すった。その結果、出来た図は八十枚程あるが、不幸その後中村先生は、二豎《にじゅ》の冒すところとなり、大正十三年二月二十一日溘焉《こうえん》として長逝された。

先生病重しの報を聴き、私は先生を慰めんものと、正月の一日鎌倉に赴き、春の七草を採集し、これに名を付し、籠に盛って差上げたところへ先生は非常にこれを喜ばれ、正しい春の七草をはじめて見たといわれ、七草粥にする前に暫く床の間に置いて楽しまれたということである。先生の長逝は、私の事業にとって一大打撃であったが、それよりも私の最もよき理解者、心の友を失った悲しみは耐え難いものがあった。先生は最後迄私のことを気に懸けていて下すって、先生の後継者たるべき校長の某氏を呼んで遺言された時、「牧野を援助するように」と呉々《くれぐれ》も言われたそうであったが、某氏はしかし私に対しては極めて冷淡であり、援助もやがて途絶えてしまった。

私は先生遺愛の硯《すずり》を乞い受け、今でも坐右に置いている。また大学で同じ植物学を専攻している中村浩君は先生の次男である。

私は『植物図説』の刊行を断乎としてやり遂げる決心でいる。私はその巻頭に中村先生の遺徳を偲んで、図説刊の由来を銘記し、霊前に捧げようと考えている。

大震災

震災の時は渋谷の荒木山にいた。私は元来天変地異というものに非常な興味を持っていたので、私はこれに驚くよりもこれを心ゆく迄味わったといった方がよい。当時私は猿又一つで標品を見ていたが、坐りながらその揺れ具合を見ていた。そのうち隣家の石垣が崩れ出したのを見て家が潰れては大変と庭に出て、庭の木につかまっていた。妻や娘達は、家の中にいて出て来なかった。家は幸いにして多少の瓦が落ちた程度だった。余震が恐いといって皆庭に筵《むしろ》を敷いて夜を明したが、私だけは家の中にいて揺れるのを楽しんでいた。後に振幅が四寸もあったと聴き、庭の木につかまっていてその具合を見損ったことを残念に思っている。その揺っている間は八畳座敷の中央で、どんな具合に揺れるか知らんとそれを味わいつつ座っていて、ただその仕舞際《しまいぎわ》にチョット庭に出たら地震がすんだので、どうも呆気《あっけ》ない気がした。その震い方を味わいつつあった時、家のギシギシと動く騒がしさに気を取られそれを見ていたので、体に感じた肝腎要めの揺れ方がどうも今はっきり記憶していない。何といっても地が四五寸もの間左右に急激に揺れたのだから、その揺れ方を確《しっ》かと覚えていなければならん筈だのに、それを左程《さほど》覚えていないのがとても残念でたまらない……もう一度生きているうちにああいう地震に遇えないものかと思っている。

震災では「植物研究雑誌」第三巻第一号を全部焼いてしまった。残ったのは見本刷七部のみであった。震災後二年ばかりして、渋谷から石神井《しゃくじい》公園附近の大泉に転居した。標品を火災その他から護るためには、郊外の方が安全だと思ったからである。

博士号の由来

私は従来学者に称号などは全く必要がない、学者には学問だけが必要なのであって、裸一貫で、名も一般に通じ、仕事も認められれば立派な学者である、学位の有無などでは問題ではない、と思っている。

今迄も理学博士にしてやるから、論文を提出しろとよくいわれたが、私は三十年間も意地を張って断ってきた。しかし、周囲の人が後輩が学位をもっているのに、先輩の牧野が持っていぬのは都合が悪いから、是非論文を出せと強いて勧められ、やむなく学位論文を提出することにした。学位論文はなるべく内容豊富で纏《まとま》ったものがよいというので、従来「植物学雑誌」に連続掲載していた欧文の論文千何頁かの本邦植物に関する研究を本論文とし、『大日本植物志』その他を参考として提出し、理学博士の学位を得た。私は、この肩書で世の中に大きな顔をしようなどとは少しも考えていない。私は大学へ入らず民間にあって大学教授としても恥しくない仕事をしたかった。大学へ入ったものだから、学位を押付けられたりして、すっかり平凡になってしまったことを残念に思っている。

博士号を受けて作った歌には、ややそのころの感懐が表れている。

わがこゝろ
われを思う友の心にむくいんと
今こそ受けしふみのしるしを

その刹那の惑
何の奇も何の興趣も消え失せて
平凡化せるわれの学問

おなじ
年寄りの冷水の例また一つ
世界に殖えし太平の御代

とつおいつ
とつおいつ受けし祝辞と弔辞の方へ
何と答えてよいのやら

苦しい思い
今日の今まで通した意地も
捨てにゃならない血の涙

たとえ学問のためとはいえ、両親のなきあと酒造る父祖の
業をほしいまゝに廃《や》めてその産を使い果たせし我なれば
早く別れてあの世に在《い》ます
父母におわびのよいみやげ

鼻糞と同じ太さの十二円
これが偉勲のしるしなりけり

妻の死と「すえこざさ」の命名

昭和三年二月二十三日、五十五歳で妻寿衛子《すえこ》は永眠した。病原不明の死だった。病原不明では治療のしようもなかった。世間には他にも同じ病の人もあることと思い、その患部を大学へ差上げるからそれを研究してくれと大学へ贈った。

妻が重態の時、仙台からもってきた笹に新種があったので、私はこれに「すえこざさ」と命名し、「ササ・スエコヤナ」なる学名を附して発表し、その名は永久に残る

こととなった。この笹は、他の笹とはかなり異なるものである。私は「すえこざさ」を妻の墓に植えてやろうと思い、庭に移植して置いたが、それが今ではよく繁茂している。

亡き妻を想う

私が今は亡き妻の寿衛子と結婚したのは、明治二十三年頃――私がまだ二十七、八《ママ》歳の青年の頃でした。寿衛子の父は彦根藩主井伊家の臣で小沢一政といい、陸軍の営繕部に勤務していた。東京飯田町の皇典講究所にのちになったところがその邸宅で、表は飯田町通り、裏はお壕の土堤でその広い間をブッ通して占めていた。母は京都出身の者で寿衛子はその末の娘であった。寿衛子の娘の頃は裕福であったため踊りを習ったり、唄のお稽古をしたり、非常に派手な生活をしていたが、父が亡くなった後、その邸宅も売りその財産も失くしたので、その未亡人は数人の子供を引き連れて活計のため飯田町で小さな菓子屋を営んでいたのです。

青年のころ私は本郷の大学へ行く時その店の前を始終通りながらその娘を見染め、そこで人を介して遂に嫁に貰ったわけです。仲人は石版印刷屋の親爺――というと可笑しく聞えるけれど、私は当時大学で研究してはいたが何も大学へ就職しようとは思っていず、一年か二年この東京の大学で勉強したらすぐまた土佐へ帰って独力で植物の研究に従事しようと思っており、自分で植物図譜を作る必要上この印刷屋で石版刷の稽古をしていた時だったので、これを幸いと早速そこの主人に仲人をたのんだのです。まあ恋女房という格ですネ。

当時私は麴町三番町にあった同郷出身の若藤宗則という人の家の二階を間借していたのだが、こうして恋女房を得たのだから早速そこを引き揚げて根岸の御院殿跡にあった村岡という人の離れ屋を借り、ここで夫婦差し向いの愛の巣を営んだ。そうして私にはまだ多少の財産が残っていたので始終大学へ行って植物の研究をしていたが、翌二十四年ごろからはその若干の私の財産も残り少なになってしまったのです。そこで二十四年から二十五年にかけて家政整理のために一たん帰郷したが、私が土佐へ帰っている間に、当時の東大植物学教授の矢田部良吉博士が突然罷職になり、間もなく大学から私のもとへ手紙が来て君を大学へ入れるから来いといって来たのです。しかし私は只今家政整理中ゆえ、それが終り次第上京するからと返事しておいたが、翌二十六年一月に長女の園子が東京で病死したので急遽上京し、そのついでに大学に聴き合せたところ君の位置はそのままあけてあるから何時でも入れというので、私ははじめて大学の助手を拝命、月給十五円の俸給生活者になった訳です。

ところで私の宅ではそれから殆ど毎年のように次ぎ次ぎと子どもが生れる。月給は十五円でとてもやりきれぬし、そうむやみに他人が金を貸してくれる訳もなく、ついやむなく高利貸から借金をしたが、これが僅か二、三年の間に忽ち二千円を突破してしまったのです。そこで同郷の土方寧博士や田中光顕伯が大変心配して下さって借金整理に当たることになり、田中伯の斡旋で三菱の岩崎が乗り出してくれてともかく二千円の借金を綺麗に払って下さったのです。それから土方博士が当時の浜尾東大総長に私を紹介してくれ、そこで浜尾総長が非常に心配して下され、総長の好意で私が『大日本植物志』の編纂に従事することになった。つまりただの助手では俸給が決まっていてなかなか上るものではないが、こういう特別の仕事をすれば私の収入もふやすことが出来よう、という浜尾総長の御厚意からであったが、この私の大事業に対して当時の植物学の主任教授松村博士がどういう訳かいろいろな妨害をされた。のち故あってせっかくの『大日本植物志』も第四集のまま中止することとなったのです。従ってまた私の収入はビタ一文もふえなくなってしまったので、そこで私は生活上止むを得ず、私の苦心して採集した標本の一部を学校へ売ってみたり、書物を書いたりして生活上の赤字はどうしても私の腕で補ってゆかねばならなかったのです。ところが子沢山、結局しまいには十三人もの子どもが出来てしまったので私の家の生活が、月給十五円から二十五円（十三人目の子供が出来た時の俸給が二十円から二十五円でした）ぐらいの俸給と、私の痩腕による副収入とではとてもやってゆけるものではなく、また忽ち各方面の借金また借金がふえてその後長いこと私は苦しまねばならなかったのです。

その時丁度天の使のように私の眼の前に現れて来て下さったのが、当時某新聞社の記者をしていた農学士の渡辺忠吾君——一時京都の農学校の校長をしていて今は確か帝国農会の理事か何かをしているはずです——でした。この渡辺君が非常に私に同情してくれて「こんな窮状にあることは思い切って世の中へ発表した方がいいでしょう。きっと何かお役にたつこともあるかも知れないから」と極力すすめ、かつは私を激励してくれたので、私もとうとうこの時はじめてわが生活の内容を世間に発表してしまったのです。すると早速私を救済しよう、という人が二人出て来ました。一人は久原房之助氏、他の一人はまだ京大の学生であって、後の実業家池長孟氏であった。そこで渡辺君の勤め先の新聞社の斡旋で結局池長さんが私の負債を払ってくれることになり、これを綺麗に清算してくれた上で神戸に池長植物研究所をつくられたのです。それのみならず当時池長さんは月々若干の生活の補助を私にして下さったのであり、私にとって終生忘れることの出来ない恩人になっています。畢竟《ひっきょう》右の池長植物研究所の名も実は牧野植物研究所とすべきであったが、私は池長氏に感謝の実意を捧ぐるためにその研究所に池長の姓を冠したのでした。

さて私はここで話を最初にもどして、死んだ家内の話を申し上げて見たい。何故ならば私が終生植物の研究に身を委ねることの出来たのは何といっても、亡妻寿衛子のお蔭が多分にあり、彼女のこの大きな激励と内助がなかったら、私は困難な生活の上で行き詰って仕舞ったか、あるいは止むを得ず商売換えでもしていたかも知れませんが、今日思い返して見てもよくもあんな貧乏生活の中で専ら植物にのみ熱中して研究が出来たものだと、われながら不思議になることがあります。それほど妻は私に尽してくれたのです。債権者が来てもきっと妻が何とか口実をつけて追っ払ってくれたのでした。いつだったか寿衛子が何人目かのお産をしてまだ三日目なのにもう起きて遠い路を歩き債権者に断わりに行ってくれたことなどは、その後何度思い出しても私はその度に感謝の念で胸がいっぱいになり、涙さえ出て来て困ることがあります。実際そんな時でさえ私は奥の部屋でただ好きな植物の標本いじりをやっていることの出来たのは、全く妻の賜であったのです。

寿衛子は平常、私のことを「まるで道楽息子を一人抱えているようだ」とよく冗談にいっていましたが、それはほんとうに内心そう思っていたのでしょう、何しろ私は上述のような次第でいくら借金が殖えて来ても、植物の研究にばかり毎日夢中になっていて、家計の方面では何時も不如意勝ちで、長年の間妻に一枚の好い着物をつくってやるでなく、芝居のような女の好く娯楽は勿論何一つ与えてやったこともないくらいであったのですが、この間妻はいやな顔一つせず、一言も不平をいわず、自分は古いつぎだらけの着物を着ながら、逆に私たちの面倒を、陰になり日向になって見ていてくれ、貞淑に私に仕えていたのです。

大正の半ばすぎでした。上述のような次第でいろいろ経済上の難局にばかり直面し、幸いその都度《つど》、世の中の義俠心に富んだ方々が助けに現れてようやく通りぬけては来たものの、結局私たちは多人数の家族をかかえて生活してゆくには何とか金を得なければならないと私は決心しました。それも煙草屋とか駄菓子屋のようなものではとても一同がやってゆけそうにないが、一度は本郷の竜岡町へ菓子屋の店を出したこともあった。そこで妻の英断でやり出したのが意外な待合《まちあい》なのです。

これは私たちとしては随分思い切ったことであり、私が世間へ公表するのはこれがはじめてですが、妻ははじめたった三円の資金しかなかったに拘わらずこれでもって渋谷の荒木山に小さな一軒の家を借り、実家の別姓をとって〝いまむら〟という待合をはじめたのです。私たちとはもとより別居ですが、これがうまく流行《はや》って土地で二流ぐらいまでのところまで行き、これでしばらく生活の方もややホッとして来たのですが、矢張り素人のこととてこれも長くは続かず、終わりにはとうとう悪いお客がついたため貸倒れになって遂に店を閉じてしまいましたが、このころ、私たちの周囲のものは無論次第にこれを嗅ぎ知ったので「大学の先生のくせに待合をやるとは怪《け》しからん」などと私はさんざん大学方面で悪口をいわれたものでした。しかし私たちには全く疚《やま》しい気持はなかった。金に困ったことのない人たちは直ぐにもそんなことをいって他人の行動にケチをつけたがるが、私たちは何としてでも金を得て行かなければ生活がやってゆけなく全く生命の問題であったのです。しかもこの場合は妻が独力で私たちの生活のために待合を営業したのであって、私たち家族とはむろん別居しているのであり、大学その他へこの点で、何等迷惑をかけたことは毫《ごう》もなかったといってよいのです。それゆえに時の五島理学部長もその辺よく了解し且つ同情していて下されたのです。

こうしてとにかく一時待合までやって漸く凌いで来たのち、妻は私に目下私たちの住んでいるこの東大泉の家をつくる計画を立ててくれたのです。妻の意見では都会などでは火事が多いから、せっかく私の苦心の採集になる植物の標本などもいつ一片の灰となってしまうか判らない。どうしても絶対に火事の危険性のないところというので、この東大泉の田舎の雑木林のまん中に小さな一軒家を建ててわれわれの永遠の棲家としたのです。そうしてゆくゆくの将来は、きっとこの家の標本館を中心に東大泉に一つの植物園を拵えて見せよう、というのが妻の理想で私も大いに張り切り、いよいよ植物の採集にも熱中したのですが、これもとうとう妻の果敢《はか》ない夢となってしまいました。この家が出来て喜ぶ間もなく、すなわち昭和三年に妻はとうとう病気で大学の青山外科で歿くなってしまったからです。享年五十五でした。妻の墓はいま下谷谷中の天王寺墓地にあり、その墓碑の表面には私の咏んだ句が二つ亡妻への長《とこ》しなえの感謝として深く深く刻んであります。

家守りし妻の恵みやわが学び
世の中のあらん限りやスエコ笹

この〝スエコ笹〟は当時竹の研究に凝《こ》っており、ちょうど仙台で笹の新種を発見してそれを持って来ていた際なので、早速亡妻寿衛子の名をこの笹に命名して永の記念としたのでした。この笹はいまだにわが東大泉の家の庭にありますが、いずれ天王寺の墓碑の傍に移植しようと思っています。

終わりに臨んで私は私の約半世紀も勤め上げた大学側からは、終始いろいろの堪えられぬような学問的圧迫でいじめられ通しでやって来ました。しかし今日私の心境はむしろ淡々としていてこんなつまらぬことは問題にしていません。由来学者とはいうものの、案に相違した偏狭な、そして嫉妬深い人物が現実には往々にしてあることは、遺憾ながら止むを得ません。しかし私は大学ではうんと圧迫された代わりに、非常に幸運なことには世の中の既知、未知の方々から却って非常なる同情を寄せられたことです。

私は幸い七十八歳の今日でも健康には頗《すこぶ》る恵まれていますから、これからの余生をただひたすらわが植物学の研究に委ねて、少しでもわが植物学界のために貢献出来れば、と念じているばかりです。

科学の郷土を築く

学問の環境に育つ

私の二十歳といえば、明治十四年のことで、私がはじめて、東京の空気に触れて、故郷にかえっていた頃でした。

私の郷里は、高知県高岡郡佐川町ですが、そこは、藩主山内侯の特別待遇をうけていた国家老深尾家が治めていたところで、士族の多い市街だったのです。街には「名教館《めいこうかん》」という学校があって孔孟の教が教えられ、算数の学が講ぜられなどして、学問も随分盛んでした。当時高知についでの学問地だったのです。でもその時代は士族とか町人とかの区別が厳しく残っていて、学問は主に士族の間にのみ盛んでした。そして、田中光顕伯、土方寧博士、広井勇博士などの名士を送り出しました。

私は酒屋の子供だったのですが、こうした学問の環境中に育って来たのです。そして、時勢は次第に学問の必要を理解するようになった。学問を士族の特権と考えるような時代は過ぎ去りました。

郷土へ新しき知識を

私は二十代の頃世の中の進歩開化のためには、どうしても科学を盛んにしなければならぬと痛感して、私が先に立って郷里に「理学会」をつくり、郷土の学生を集めて講演をしたり、蒐集した書籍を提供したりして郷土民の啓蒙に努力しました。こうしたいろいろの方面に関係して行くうち雑誌創刊の必要に迫られて「格致雑誌」をつくりました。勿論その時分は郷里に印刷機もありません。自分で書いて、それを冊子とし同輩の人々に回覧せしめたものでした。その時井上哲次郎博士に序文を頂こうと思って当時東京にいた土方寧氏を煩わしましたが、何かの都合で有賀《あるが》長雄《ながお》先生から「格致の弁」という名文を貰って喜んだことなどを覚えています。こうしたことも結局郷土人に科学の知識を涵養《かんよう》しようとする私の努力だったのです。

その頃郷土の学校に唱歌という課目があったが、師範学校に一台のオルガンがあるだけで郷里にはこれなくどうしても正確な教授も出来なかったので、私は自費で一台のオルガンを買って郷土の学校に寄附したことなどもありました。自分はどうかして新しい知識を郷里に入れようと努めていたのです。

当時は私の家には財産があったので、この頃は学問に遊んでいたのです。親が早くなくなったので親よりの制裁もなく、自分の念《おも》うままに好きな植物研究に入って行ったのです。

こうして自分の研究を進める一面、自分は方々より集めた本を郷土の人々に紹介しては読書の関心を強めようとしていたのです。

研究に没頭して、遊惰を省みない

二十代を顧りみて、いままでによかったと思うことが一つある。丁度その頃僕達の市街にもいろいろの料理屋などが出来て、思想の定まらない青年達はその感覚の魔界におぼれて随分その前途を謬《あやま》ったものが多かった。しかし自分は植物の研究に自らの趣味も感じていたので花柳の巷《ちまた》には足を入れようとは思わなかった。またその時分もしも酒に親しむような悪習に染まっていたならば、あるいは酔いに乗じて酒に飲まれていたかもしれない。小さい時から酒を呑まなかったことは正しく身を守ることを保証しているのです。

私は現在七十四歳です。でも老眼でもなく血圧も青年のように低い。動脈硬化の心配もない。医者の言葉ではもう三十年もその生命を許される、との事である。酒や煙草を呑まなかったことの幸福を今しみじみとよろこんでいる。

青年は是非酒と煙草をやめて欲しい。人間は健康が大切である。われらは出来るだけ健康に長生きをし、与えられたる使命を重んじ、その大事業を完成しなければならぬ。身心の健全は若い時に養わねばならぬ。

〔補〕右は昭和十年に書いて公にしたものである。私は昭和十八年の今日八十二歳ですが、幸に元気は頗る旺盛で一向に老人の様な気がしない。故に牧野翁とか牧野叟とか牧野老とか署するのはこの上もなく嫌いで、また人からそう呼ばれるのも好まない。頭は白髪を戴いて冬の富嶽の様だが、心は夏の樹木の様に緑翠である。つまり葉鶏頭《はげいとう》（老少年）なる植物が私を表象している、まだこれからウントがんばれる。めでたしめでたし。

学内事情

これは昭和十四年七月二十五日「東京朝日」に掲載されたものである。

四十七年勤めて月給七十五円
東大を追われた牧野博士
深刻な学内事情の真相をあばく

わが植物学界の国宝的存在牧野富太郎博士が四十七年間即ち半世紀の長きにわたって奉職していたその東大の植物学教室から今度追われる如く、或《あるい》は自ら追ん出る如くにして、老の身を教壇から退かなければならなかったというニュースほど、このごろの学界に様々の話題と深刻な疑問を投げかけたものはない。記者はその間のいきさつ或はその背後にある大学の内部事情、学閥などについて知り合の或学界通

B君にくわしく質問して見たから読者諸君の御参考のために以下問答体でその話をなるべく正直に御紹介しよう。Aはむろん質問者たる記者である。

A　さっそくながら今度の牧野博士事件についての真相を聞かせてもらいたいね。一体博士はなぜ辞表を出したんだ？

B　それは、ちょっと簡単に言えないね。博士ももう七十八歳の高齢だ。したがって後進に道をゆずるため、去年頃から適当な機会に大学を辞めるだろう、というような噂は一般にあったし、実際は博士自身にさえその腹はあったらしいんだ。

……

A　それにしては新聞で見ると、今度という今度は、博士も大分怒って辞表を出したらしい形跡じゃないか？

B　まあ待て待て、先を急ぐなよ。むろん、今度の場合は、さしも平常はのんき一本槍で通って来た牧野先生も、カンカンに怒ったんだよ。それもぼくから言わせれば無理のない話だ。なぜって新聞にもちょっと出たから、君も大体知っているだろうが、五月の或る日のことだ。あの東大泉の雑木林の中の博士の陋屋《ろうおく》へ、はるばると東武電車に乗って東大理学部長寺沢寛一先生の代理なる者が、博士に面会にやって来たんだよ。それで博士が、ていちょうに上げて見ると、それが何と理学部植物学教室のただの事務員（著者註、この時使いしたのは植物学教室の助手M・Sの二氏であった）なんだ。そして何を言い出すかと思うと、あの無邪気でのんきな老先生に向って、先生は、もう、先日来、適当の機会に辞表を出したいと言っておられたが、大学でも待っているから、早い方がいい、今日辞表を出してくれないか、という主旨の申込みなんだ。

しかもその間には、七十八歳の高齢の博士に対して、ずいぶん、失礼な言辞があったらしい。それで、さしも日頃ののんきな老先生も、カンカンになって、その無礼に対し怒り出し、また博士の家のおとなしいお嬢さんも、となりの部屋でただ聞いているには忍びなくなって飛び出し〝何という失礼なことをあなたは老人になさるんです！　お帰りなさい、お帰りなさい！〟と、とうとう大声で泣き出してしまったという秘話まであるんだ。そこで、若い事務員は、ほうほうの態《てい》たらくで、大学へ逃げ帰ったんだが、一本気の牧野先生は、もう腹の虫がおさまらないで、サッサと辞表を提出してしまったんだ。博士も先日東大で発表したように、どうせ、もう大学を辞めてもいいと思っていたし、御自身は大学に対しては、ちっとも未練はなかったんだよ。ただ同じ辞めるにしても、大学がもっと博士に礼儀をつくしてくれればよかったんだね。

のみならず、博士が辞職の決意をして大学へあいさつに行くと、当の理学部長の寺沢寛一先生は、肝心の事務員事件をあまり御存知ないらしいんだ。それでとうとうこの事件は植物学の某教授の博士追出し策に過ぎない、という疑惑がようやく濃厚になり、世間でもその教授に対して〝忘恩教授〟などと陰口をきくようになったんだよ。

A　それにしても、だいたい大学講師の停年はいくつなんだい？

B　冗談言っちゃいけない。ただのはかない嘱託にすぎない大学講師なんかに停年なんかあるものか。強いて言えば講師は毎年毎年その三月には停年（？）なんだ。というのは原則として講師は一年単位の臨時やといだからね。停年制のあるのは教授、助教授、さては助手など東京帝国大学官制第一条に、ちゃんと明記されている官吏だけなんだよ。講師については、帝国大学令第四条に「必要アル場合ニ於テハ帝国大学総長ハ講師ヲ嘱託スルコトヲ得」と規定されてあるだけなんで、そもそもの初めをいえば講師なんか、大学になくたってちっともおかしくはない存在なんだ。

A　それで実際の待遇の差はどうなんだ。

B　官吏たる助教授、教授などは元来、そうとうの実質上、待遇を受けている。

それに各学部で定員がちゃんと治まっているから、うかつに教授に長生きされると、その下の助教授などは全くの万年助教授で一生浮かばれんことになる。それで停年制というのが出来上ったのだが、その代り停年で辞めるような連中には、ちゃんと恩給がついていて、老後の生活は保証されているんだ。ところが講師の場合だが、いいかい？　さっき言った毎年毎年辞令の出るような講師の俸給は、元来、毎週その講師が受け持たされている、たとえば毎週一時間の講義をする講師の年俸は大体百五十円から、二百円、二時間講義をするものはその二倍の三百円から四百円という風に、慣習的に相場がきまっているんだ。だから一時間講義をする先生は、月割にすれば、たった十二三円の月給取りという勘定になる。ふつうの講師は毎週二時間から四時間だから、その中をとれば月給は大たい三十八円というわけさ。ところがわが牧野老先生は、本年七十八歳、四十七年間もの長い間講師を勤めあげた甲斐があって、講師としては最高の月給取りなんだが、それが先日来、問題の月給七十五円なんだ。これは大学講師としては異例の異例と言っていいくらいの高給取りなんだが、他方官吏たる職員の場合を考えると、七十五円なんて端っ葉は、学校出たてのホヤホヤ二十代の青二才のような助手でも立派にとる俸給に過ぎない。だから大学講師としてつづける限り、先生が百歳まで長生きをなさろうと、百円のサラリーマンにはなかなか及びもつかない待遇しか、大学から受けられんわけさ。

A　なる程、それなら牧野博士のような大学者を大学では、なぜ、そんな半世紀もの長い間単なる講師として放任して置いたんだ。博士は一体それで生活できたのかい。また、博士は大学から見れば、ほんとの学者じゃないとでもいうのかい。

B　博士が学者じゃないとバカなことは冗談にも言い給うな。この点では本職の大学がやはり、博士の博い学殖を一番知っていることだろう。なぜって、明治のころ、わが国の植物学者が、植物を採集して来ては、それを自分で学名がつけられないので、標本を一々外国に送っては、向うの先生に学名をつけてもらっていたころ、牧野博士が出現して、はじめて独力で、どしどし新学名をつけられ、後世の学者はそれを真似るようになったんだし、現に、いま六千種からある日本の植物のうち、千五百種以上の学名は、博士がたった一人で名づけ親になっているといわれているんだからね。また、ドイツの故エングラー博士、アメリカのベイリー博士などの世界的学者が、日本の植物学者に頭を下げたのは、ただ、わが牧野老先生だけだったんだからね。そんじょ、そこいらの自称学者先生とは、桁《けた》ちがいの大学者なんだ。三宅驥一博士はかつて、牧野博士のことを「百年に一度出るか出ないかの大学者」とまで折り紙をつけて激賞されたんだ。事実、博士に一目にらまれると日本のどんな地方の植物でも、それが草の切れっぱし、葉の一片はおろかなこと、あの識別のもっとも至難とされているところの、ただの芽生えがあっただけで、その植物が何科の植物で、どんな性質のものか、いっぺんで正体が暴露されてしまうというんだから、俗な表現だが、まったく天才というのほかないよ。……

自動車事故

今から七年程前になるが、大学からの帰途、街で拾った円タクで白山上を通過した時、前方から疾走してきた自動車と衝突し、大怪我をした。窓ガラスで顔を切り、ひどく出血した。直ちにハンカチで傷口を押えながら、大学病院に駈けつけて、七針か八針縫って貰った。この事故で眼をやられず、動脈をやられなかったことは幸いであった。

退院したては人相が悪かったが、思ったより早くよくなった。医者は酒を呑まないから全快が早いのだと喜んでくれた。

朝日賞を受く

昭和十二年一月二十五日朝日新聞社から昭和十一年度の朝日賞〔朝日文化賞〕を贈られた。

これは私の過去五十年間の研究集大成として『牧野植物学全集』を完成し、昭和十一年十一月に刊行したが、これに対し贈られたものである。

当時の「朝日新聞」には「(牧野)博士が命名した新種一千を越え、新変種及び新に改訂した学名を加えれば一千五百に達している。従って世界の植物分類学者で牧野博士の名を知らぬものは殆どない。……真正の国宝的学者といっても過言でない。現在各帝大その他の学校、研究所にいる数十名の植物分類学者を始め、全国に分散している植物同好者数百名は直接間接に博士の指導を受けた門下生といってもよいものである。博士が日本植物分類学の創設者、日本植物研究の第一人者たるの功績は没すべからざるものであるが、同時に日本の植物分類学者の大多数に親切に手ほどきして、養成した功労も亦甚大なるものであるといわねばならない」とあった。

とある。

朝日賞の詮衡に当たって、新聞社の人が大学の教室に見えた時、柴田桂太博士をはじめ皆喜んで賛成してくれたが、ただ一人某博士のみは私のことを悪口し、散々にこき下したので新聞社の人もその態度を怒り、それにはかまわずに私を推薦したということである。

朝日賞を受けた時貰った金は、何か有益なことに使わねば相済ぬと考え、今なお大切に保管している。

都々逸《どどいつ》に詠《よ》んだものに、

沈む木の葉も流れの工合
　浮かぶその瀬もないじゃない

大学を辞す

昭和十四年の春、私は思い出深い東京帝国大学理学部植物学教室を去ることになった。私はもう年も七十八歳にもなったので、後進に途を開くため、大学講師を辞任するの意はかねて抱いていたのであったが、辞めるについて少なからず不愉快な曲折があったことは遺憾であった。私は今改めてそれについて語ろうとは思わないが、何十年も恩を受けた師に対しては、相当の礼儀を尽すべきが人の道だろうと思う。権力に名をかり一事務員を遣《つかわ》して執達吏の如き態度で私に辞表提出を強要するが如きことは、許すべからざる無礼であると私は思う。辞める時の私の月給は七十五円であったが、このことは相当世間の人を驚かしたようだ。

私は大学を辞めても植物の研究を止めるわけではないから、その点は少しも変りはないわけである。

「朝な夕なに草木を友にすれば淋しいひまもない」

というのが私の気持である。

私と大学

昭和十四年から凡《およ》そ五十二年程前の明治二十年頃に民間の一書生であった私は、時々否な殆ど不断に東京大学理科大学、すなわち今の東京帝国大学理学部の植物学教室へ通っていた。がしかし大学とは公に於て何の関係もなく、これは当時植物学の教授であった理学博士矢田部良吉先生の許しを得てであったが、先生達はじめ学生諸君までも非常に私を好遇してくれたのである。教室の書物も自由に閲覧してよい、標本も勝手に見てよいとマルデ在学の学生と同様に待遇してくれた。その時分はいわゆる青長屋時代であった。私はこれがため大変に喜んで自由に同教室に出入して大いにわが知識の蓄積に努め、また新たに種々と植物を研究して日を送った。そこでつらつら私の思ったには、従来わが国にまだ一つの完全した日本の植物志すなわちフロラが無い、これは国の面目としても確かに一つの大欠点であるから、それは是非ともわれら植物分類研究者の手に依てその完成を理想として、新たに作りはじめねばならんと痛感したもんだから、私は早速にそれに着手し、その業をはじめる事に決心した。それにはどうしても図が入用であるのだが、今それを描く自信はあるからそれは敢えて心配は無いが、しかしこれを印刷せねばならんから、その印刷術も一《ひ》ト通りは心得ておかねば不自由ダと思い、そこで神田錦町にあった一《ひとつ》の石版印刷屋で一年程その印刷術稽古をした。そしていよいよ『日本植物志』を世に出す準備を整えた。その時私の考えではおよそ植物を知るにはその文章も無論必要だが、図は早解りがする。故にとりあえずその図を先きに出し、その文章を後廻しにする事にして、断然実行に移す事となり、まずその書名を『日本植物志図篇』と定めた。これは『日本植物志』の図の部の意味である。そしていよいよその第一巻第一集を自費を以て印刷し、これを当時の神田裏神保町にあった書肆敬業社をして発売せしめたが、それが明治二十一年十一月十二日で今から大分前の事であった。その書名は前記の通りであったが、これを欧文で記するとIllustrations of the Flora of Japan, to serve as an Atlas to the Nippon-Shokubutsushi であった。助教授であった村松任三氏は大変にこれを賞讃してくれて「余ハ今日只今日本帝国内ニ本邦植物図志ヲ著スベキ人ハ牧野富太郎氏一人アルノミ……本邦所産ノ植物ヲ全璧セシノ責任ヲ氏ニ負ハシメントスルモノナリ」と当時の「植物学雑誌」第二十二号の誌上へ書かれた。

それが明治二十三年三月二十五日発行の第六集まで順調に進んだ時であった。ここに突然私に取っては一つの悲むべき事件が発生した。それは教授の矢田部氏が何の感ずる所があってか知らんが、殆ど上の私の著書と同じような日本植物の書物を書く事を企てた。そこで私に向こうて宣告するに今後は教室の書物も標本も一切私に見せないとの事を以てした。私はこの意外な拒絶に遭ってヒタと困った！　早速に矢田部氏の富士見町の宅を訪問して氏に面会し、私の意見を陳述しまた懇願して見た。すなわちその意見というのは第一は先輩は後輩を引き立つべき義務のある事、第二は今日植物学者は極めて寡《すくな》いから一人でもそれを排斥すれば学界が損をし植物学の進歩を弱める事、第三は矢張り相変らず書物標本を見せて貰いたき事、この三つを以て折衝してみたが氏は強情にも頑としてそれを聴き入れなかった。その時は丁度私が東京近郊で世界に珍しい食虫植物のムジナモ（Aldrovanda vesiculosa L.）を発見した際なので、私は止むを得ずこれを駒場の農科大学へ持って行ってそこでそれを写生し、完全なその詳図が出来た。この図の中にある花などの部分はその後独逸《ドイツ》の植物書にも転載せられたものである。

私は矢田部教授の無情な仕打ちに憤懣し、しかる上は矢田部を向うへ廻してこれに対抗し大いに我が著書を進捗《しんちょく》さすべしと決意し、そこではじめて多数の新種植物へ学名をつけ、欧文の記載を添え、続々とこれを書中に載せ、上の『日本植物志図篇』を続刊した。当時私の感じでは今仮りにこれを相撲に喩うればそれは丁度大関と褌担ぎのようなもの、すなわち矢田部は、大関、私は褌担ぎでその取組みは甚だ面白く真に対抗し甲斐があるので大いにヤルべしという事になり、そこは私は土佐の生まれだけあって、その鼻息が頗る荒らかった。一方では杉浦重剛先生または菊池大麓先生など、それは矢田部が怪《け》しからんと大いに孤立せる私に同情を寄せられ、殊にその頃発行になっていた「亜細亜」という雑誌へ杉浦先生の意を承《う》けて大いに私のために書いて声援して下さった。

丁度その時である。イッソ私は、私をよく識ってくれている日本植物研究者のマキシモヴィッチ氏の許に行かんと企て、これを露国の同氏に紹介した。同氏も大変喜んでくれたのであったが、その刹那同氏は不幸にも流感で歿したので、私は遂にその行をはたさなかったが、その時に「所感」と題して私の作った拙い詩があるからオ目に掛けます。

専攻斯学願樹功、微軀聊期報国忠、人間万事不如意、一身長在轗軻中、泰西頼見
義侠人、憐我衷情傾意待、故国難去幾踟躕、決然欲遠航西海、一夜風急雨黯黯、
義人溘焉逝不還、倏忽長隔幽明路、天外伝訃涙潸潸、生前不逢音容絶、胸中鬱勃
向誰説、天地茫茫知己無、今対遺影感転切

明治二十四年十月遂に上の図篇が第十一集に達し、これを発行した時、私の郷里土佐国佐川町に残してあったわが家（酒造家）の始末をつけねばならぬ事が起ったので、仕方なく右の出版事業をそのまま擲《なげう》っておいて、匆々《そうそう》東京を出発する用意をし、間も無く再び東京へ出て来るから、今度出て来たが最後、大いに矢田部に対抗して奮

闘すべく意気込んで国へ帰った。すなわちそれが右二十四年の秋も半ばを過ぎた紅葉の時節であった。

国に帰った後で、一つの驚くべき一事件が大学に突発した。それは矢田部教授が突然大学を罷職になった事である。同教授のこの罷職は何も私とのイキサツの結果では無論なく、これは他に大きな原因があって、ツマリ同じ大学の有力者との勢力争いで遂に矢田部教授が負けたのである。それには彼の鹿鳴館時代、一ツ橋高等女学校に於ける彼の行為も大分その遠因を成しているらしく思われる。

越えて明治二十五年になった。月も日も忘れたが、大学から一つの書面が私の郷里に届き私の手に入った。披《ひら》いて見ると君を大学へ採用するから来いとの事が書いてあった。大抵の人ならこんな書面に接したら飛び立つように喜ぶであろうが、私はそう嬉しいようにも感じ無くアアそうかという位の気持ちであった。そこで早速返事を認めて、只今我が家を整理中だからそれが済んだら上京して御世話になりますと挨拶をしておいた。

翌明治二十六年一月になって私の長女が東京で病死したので急遽私は上京した。大学の方はどう成っているか知らんと聴いて見たら、地位がそのまま空けてあるからいつからでも這入《はい》れという事で、私は遂に民間から入って大学の人となり、助手を拝命して植物学教室に勤務し、毎月月給を大枚十五円ずつ有難く頂戴したが、これは一面からいうと実は芸が身を助ける不仕合せでもあったのである。

実は私は大学へ勤める迄は、私の覚えていない程早く死んだ親から遺された財産があって、何の苦労も無くノンビリと一人で来たのである。が丁度大学へ入った時分にそれが全く尽きて仕舞った。それは大抵皆なわが学問に入れあげたからであったが、そこは鷹揚な坊チャン育ちの私には金の使い方が確かにマズク、今でもよく牧野は百円の金を五十円に使ったと笑われる事がある。

惟《おも》うて見れば誠に不思議なもので小学校も半分しかやらず、その後何処の学校へも這入らず、何の学歴も持たぬ私がポッカリ民間から最高学府の大学助手になり、講師になり、後には遂に博士の学位迄も頂戴したとは実にウソのようなマコトで実に世は様々、何がどうなるか判ったもんでは無い。

ダガ、昨日まで暖飽《だんぽう》な生活をして来た私が遽《にわ》かに毎月十五円とは、これには弱った。何分足りない、足りなきゃ借金が出来る、それから段々子供が生まれだし、驚く勿《なか》れ後には遂に十三人に及んだ。そして割合に給料があがらない。サア事ダ、私の多事多難はこれがスタートして、それからが波瀾重畳、具《つぶ》さに辛酸を嘗《な》めた幾十年を大学で過ごした。その間また断えず主任教授の理不尽な圧迫が学閥なき私に加えられたので、今日その当時を回想すると面白かったとは冗戯半分《じょうだん》いえない事も無いでは無いが、しかし誠に閉口した。がそれでも上に媚びて給料の一円もあげて貰いたいと女々《めめ》しく勝手口から泣き込んで歎願に及んだ事は一度も無く、そんな事は苟《いやし》くも男子のする事では無いと一度も落胆はしなかった。そしてこんな勢いの不利な場合は幾らあせっても仕方が無いから、そんな時は黙ってウント勉強し潜勢力を養い、他日の風雲に備うる覚悟をするのが最も賢明であると信じ、私は何の不平も口にせずただ黙々として研究に没頭し、多くの論文を作ってみたが、この研究こそ他日端なく私の学位論文となったものである。

紆余曲折あるこんな空気の中に長くおりながら、何の学閥も無き身を以て明治二十六年就職以来今日まで実に四十七年の歳月が流れたのである。こんな永い間敢て薄給を物ともせず厭な顔一つも見せずに何時もニコニコと平気で在職していた事は大学としても珍しいことであろうし、また本人の年からいっても七十八歳とはこれもまた他に類の無い事であろう。そこで私の感ずる事はなるべく足許の明るいうちにこの古巣を去りたい事で、去年からそれを希望し、今年三月を限りとし、「長く通した我儘《わがまま》気儘最早や年貢の納め時」の歌を唄いつつこの大学の名物男（これは他からの讃辞であって自分は何んとも思っていない）またはいわゆる植物の牧野サン（これも人がよくそういっている）が、この思い出深い植物学教室にオ暇乞《いとまご》いをするのである。

大学を出て何処へ行く？　モウよい年だから隠居する？　トボケタこと言うナイ、われらの研究はマダ終わっていないで尚前途遼遠ダ。マダ自分へ課せられた使命ははたされていないから、これから足腰の達者な間はこの闊《ひろ》い天然の研究場で馳駆《ちく》し、出来るだけ学問へ貢献するのダ。幸い若い時分から身体に何の故障も無く頗る健康に恵まれているので、その辺は敢て心配無用ダ。私の脈は柔かく血圧は低く、エヘン元気の電池であるアソコも衰えていなく、そして酒も呑まず煙草も吸わぬからまず長命は請合いダと信じている。マア死ぬまで活動するのが私の勤めサ。「薬もて補うことをつゆだにもわれは思わずきょうの健やか」これなら大丈夫でしょう。

言い漏したが前の『日本植物志図篇』の書はその後どうなっタ？　それは私の環境が変わったのでアレはまずその第十一集で打切り（十二集分の図は出来ていたけれど）、後に当時の浜尾総長の意を体して大学で私が『大日本植物志』の大著に従事していたが、ある事情の下にそれは第四集で中止した。これはわが国植物書中の最も精緻を極めたものであるので、その中止はわが学界のためにこの上も無い損失であった。著者であった私としては、マー私の手腕の如何なる〔も〕のであったかの証拠を示した記念碑を建てて貰ったのダト思えば多少自ら慰むるところがないでもない。

以上は頗るダラシの無い事を長々と書き連ねましたので、筆を擱《お》いたあと私は恐れ縮こまっています。

ながく住みしかびの古屋をあとにして
　気の清《す》む野辺にわれは呼吸《いき》せむ

これから二つの大仕事

思い出深い大学は辞めたが、自分の思うように使える研究の時間が多くなったことは何より幸いである。私は幸い健康に恵まれていて、雨天の際もレインコートを着けることをつとめないでも平気だし、また植物の図を描く時にも、どんな細部でも毛筆で描けて決して手がふるえるようなことはない。貧乏な私にとって、衣服の心配はなし、助手をやとう必要はなし、真に有難い健康を得たと思っている。

私にこれから先に課せられた大きな仕事は二つある。一つは私が蒐集した膨大な標品の整理であり、もう一つは『日本植物図説』の刊行である。この二つは私に課せられた天の使命と信じ、今後万難を排して完成しなければならないものである。

標品の整理

標品の整理は、これから研究を進めるについても是非しなければならないものであるが、なにせ何十万という膨大な数に上っているので、なかなか一朝一夕に片付くものではなく少なくとも三、四年の年月はかかると思う。もし整理をせずに置けば、全く宝の持腐れで、この貴重な蒐集も、枯草の集りに過ぎぬことにもなる。またこの整理は採集者である私自身でなければ不完全になるおそれがある。

私は何十年もの間、根気よくこの標品を蒐集してきたが、常に将来『日本植物図説』を刊行する時の研究材料にする心がまえで、完全な標品を、しかも多数にとる事を忘れなかった。記載を完璧なものにするには、どうしても完全な標品を充分に持っている必要があるのであって、私はその点世間の他の人より優れていると自負している。私は標品整理完了の暁には、その一部を日本植物学界のために遺し、また他の一部は欧米の植物学界のために寄贈し、以て世界を利せんことを念願としている。そうすれば、私の標品も決して無駄にはならず、その価値を充分に発揮することが出来るわけである。

またこの標品整理には、仕事場が必要であって、そのため私はバラックで結構だから建物が欲しいと思っている。五間《けん》に六間位の広さで、二階建で風雨が凌げれば充分であると思う。

標品整理が完了し、出来れば国家の手で私の標品が標品館にでも収容されるようになれば、非常に満足に思う。私はこの苦心の標品が、火災により焼失したり、また鼠その他害虫等により破損することを恐れている。この標品の始末を速《すみやか》になし遂げる迄は、私は安泰としてはいられない気持でいる。

『植物図説』の刊行

もう一つの大きな仕事として私に課せられた使命は、『日本植物図説』の刊行である。私は植物に関係した当初からこの考えをもっており、明治二十二年頃には『日本植物志』刊行を発念し、『日本植物志図篇』を手はじめに出版したが、その序文にもある如く、『日本植物志』刊行の必要を痛感していた。私の考えは終始一貫している植物が、なかなか思うようにならず、遂に今日に及んだが、日本にはどうしても日本植物研究の土台となるべき完全な日本植物志が必要である。この仕事の遂行には自分は最適任者の一人であると自負している。幸いに私はこの仕事を遂行するに充分な健康を持っている。今でも夜二時過迄仕事をしているが、これをしないでは物足らない感じがする。仕事をすましして頭を枕につけるとたんにぐっすりと朝迄熟睡するから、いまだに記憶力が鈍ったとか、気力が衰えたとか感じたことはない。今年は七十九歳になったが、胃腸も丈夫で何でも食べるし、血圧は低く、採集に山登りをしても足腰が痛むということは全くない。そう肩が凝ったらあんまをしろの、腰をさすってくれの等といったことがないから、家の者はまことに世話のやけない年寄だと思って喜んでいる。

私は自身でも図を描くので、図を描かせるについても要領よく指図をすることが出来て具合がよい。図説は彩色したものにする積りで、一般の人にも判る便利なものにしたいと思っている。この時局で色々のものが充分にいかんのは残念であるが、私は献身的の努力を以てこれを完成する覚悟でいる。私はこの図説は世界に向かってその真価を問うつもりでいる。出版の暁は是非広く世の人に講評を仰ぎたいと思っている。私はこの二つの大きな仕事の遂行に当たり、大方の御後援、御鞭撻を賜る事を切に希望して止まない。

私の今の心境

私は去年大学を辞めて以来日夜この大使命遂行のために献身的努力を払っているのであって、決して安閑と日を過しているのではない。「三年蜚《と》ばない鳴かない鳥も蜚んで鳴き出しゃ呼ぶ嵐」というのが、私の今の心境である。

私は植物研究の五十年を回顧して詠んだ次の句を以て、この自叙伝の終りを結びたいと思う。

草を褥《しとね》に木の根を枕、花を恋して五十年
(五十年といえども、この恋はまだ醒めない)

終りに臨み、私のために永らく貴重な誌面を提供された白柳《しらやなぎ》秀湖《しゅうこ》先生の御厚意に対し、深甚なる感謝の意を表したいと思う。

八十五歳のわれは今何をしているか

私は今年八十五歳になるのだが、我が専門の植物研究に毎日毎夜従事していて敢て厭《あ》く事を知らない。つまり植物学への貢献を等閑に附していないのだから、何方《どなた》にも御安心を願いたい。実際私は昨年十月二十四日に山梨県北巨摩《こま》郡穂坂村の疎開先きから帰宅した。以来何んだか新世界へ生まれて来たような気持ちである。これからは日本文化のため尽さねば国民たるの資格がはたせないとの考えから、大いにその責任と義務とを良心的に感じている次第だ。早速にわが仕事として年来蘊蓄した知識を順々に発表するため、「牧野植物混混録」なる個人雑誌を編輯したが、鎌倉書房主人が義侠的にこれを発刊してくれたので以下の号も続いて世に出す事となっている。そして私は疎開先きから帰るや否や躊躇なく我が研究を進め、今日の只今も繇条《ようじょう》書屋の書斎南窓下の机に凭《よ》って一方には植物の実物を検《けみ》し、一方にはペンを動かしてこれを記述し、また写生図をも自分に作っている。この間机前に坐り通し、ただ用事のある時、食事の時、または来客に接する時などだけそれを離れるのである。頃日《けいじつ》庭に咲いた中華民国産のマルバタマノカンザシ（円葉玉簪花）の写生に四日を費やしたようの始末で、余り我庭へも出る暇がない。それ故我が庭で何時草の花、木の花が咲き了ったのか知らずに過ごしている事も時々ある。また偶々《たまたま》庭に出るとそこから採集して来た植物を今でも昔と同じく標品に製作して他日の考証に備える用意を怠ってなく、その押紙を取換える事など皆自分でやらんと気が済まない。すなわちこんな事が私の日常の日課で少しも休んでいない。そして不断、夜は大抵一時二時もしくは三時までも勉強し、時にはペンを走らしている間に夜が明ける事もある。けれども敢て体の疲れる事を覚えないのは何により仕合せであると喜んでいる。

私はこの様にする事が我が楽しみであるばかりでなく、それは私に課せられた使命であると信じており、勉強すればするだけ仕事の効果も上り、ひいてはそれが斯学に貢献する事となり、つまりは日本文化のためになる事を思えば何んの苦にもならず、極めて欣ばしく感じているばかりである。故に今日の私はわが一身を植物の研究に投じ至極愉快にその日その日を送っているので、こうする事の出来るわが身を非常な幸福だと満足している次第である。そして前にも記した通り我が年も八十五になったから、これから先きそう長くも生きられ得べくもなく、もう研究する余年も甚だ少ないので只今この健康に恵まれ眼も手もよい間にうんと精出しておかねばならんと痛感している。同学の諸士は私よりは年下だのに早くも死んだ人が少なくないに拘わらず、われは尚心身矍鑠《かくしゃく》たる幸福を贏《か》ち得ているからこの達者なうちに一心不乱働かねば相済まぬことと確信している。

私は天性植物が好きだったのが何より幸福で、この好きが一生私を植物研究の舞台に登場させて躍らせた。これがため私の体は幸いに無上の健康を得、私の心は無上に快適で、前述のように高年の今日でもその研究が若い時分と同じく続けられ、国家並に学問に対するわが義務が多少でもはたせる事を念《おも》うとまことに歓喜の至りに堪えない。これは一に天に謝さねばならぬものである。

私は元来土佐高岡郡佐川町の酒造家に生まれた一人ぼっちの倅《せがれ》であるが、まだ顔を覚えない幼い時分に両親に別れた。そして孤となり羸弱《るいじゃく》な生まれであったが、植物が好きであったので山野での運動が足り、且つ何時も心が楽しかったため、従って体が次第に健康を増し丈夫になったのである。そして私は小さい時から酒も煙草も呑まないので、これも私の健康の助けになったに違いないと信じている。

人間は足腰の立つ間は社会に役立つ有益な仕事をせねばならん天職を稟《う》けている。それ故早く老い込んではオ仕舞だ。また老人になったという気持を抱いては駄目だが、しかしそんな人が世間に寡くないのは歎かわしい。今日戦後の日本は戦前の日本とは違い、脇目もふらず一生懸命に活動せねばならぬのだから、老人めく因循姑息な退嬰気分は一切放擲して、幾ら老人でも若者に負けず働く事が大切だ。私は翁、老、叟の字が大嫌いで、揮毫の際結網翁（結網は私の号）などと書いた事は夢にもない。

何時までも生きて仕事にいそしまんまた生まれ来ぬこの世なりせば
何よりも貴とき宝持つ身には富も誉れも願わざりけり
百歳に尚道遠く雲霞

花と私――半生の記――

私は土佐の国高岡郡佐川町における酒造家の一人息子に生まれたが、幼少のころから植物が何よりも好きであった。そして家業は番頭任せで、毎日植物をもてあそんでこれが唯一の楽しみであった。

はじめ町の土居謙護先生の寺子屋で字を習い、次に町外れにあった伊藤徳裕先生について再び字を習った。明治七年、小学校が出来る直前には名教館《めいこうかん》で日進の学課を修め次いで同七年に出来た町の小学校に通い、かたわら師について英語を学んだ。明治九年に小学校を半途退学、次いで高知に出で弘田正郎先生の私塾に入った。そしてそれ以後は私の学問は全く独修でいろいろの学課を勉強した。明治十七年に東京に出、同十八年にはじめて大学の植物学教室に出入した。明治二十六年ごろに大学助手を拝命し、その後引続いて長いこと植物学教室で講師を勤め、理学博士の称号をもらった。大学では在職四十七年で辞職し民間に下って今日に及んでいる。そして日本学士院の会員に挙げられた。

『日本植物志図篇』というのが私の処女作で、それから大学発行の『大日本植物志』をはじめとして、その他いろいろの書物を著わし、出版した中で、北隆館で発行した『牧野日本植物図鑑』が一番広く世人に愛読せられている。

上に述べたように、私の一生は殆ど植物に暮れている。すなわち植物があって生命がありまた長寿でもある。ようこそわれはこの美点に富んだ植物界に生まれ植物が好きであったことを神に謝すべきことだと思っている。私がもしも植物を好かなかったようなれば、今ごろはもっと体が衰え手足がふるえていて、心ももうろくしているに違いなかろう。幸いに植物が好きであったために、この九十二歳になっても、英気ぼつぼつ、壮者をしのぐ概《おもむき》がある。そしてなお前途にいろいろの望みを持って、コノ仕事も遂げねばならぬと期待し、歳月のふけ行く事をあえて気にする事なく、日夜わが専門の仕事にいそしんでいる。そのセイか心身ともにすこぶる健康で、いろいろの仕事に堪えられる事は何よりである。しかし人間の寿命はそう限りなきものではないから、そのうちには寿命がつきてアノ遠き浄土に旅立つ事になろうから、そこで旅立ちせん前に精力のあらん限りを尽して国に報い、世に酬ゆる丹心を発展さすべきものである。すなわちこれこそ男子たるべき者のとるべき道でなくて何であろう。

私はわが眼力がまだ衰えていないので、細かき仕事をするに耐えられる。従って精細な密な図を描く事も少しも難事ではないのは、何より結構至極なのであると自信している。

植物が好きであるために花を見る事が何より楽しみであって厭く事を知らない。まことにもって仕合せな事だ。花に対すれば常に心が愉快でかつ美なる心情を感ずる。故に独りを楽しむ事が出来、あえて他によりすがる必要を感じない。故に仮りに世人から憎まれて一人ボッチになっても、決して寂寞を覚えない。実に植物の世界は私にとっての天国でありまた極楽でもある。

私は植物を研究しているとあえて厭きる事がない。故に朝から晩まで何かしら植物に触れている。従って学問上にいろいろの仕事が成就し、それだけ学界へ貢献するわけだ。中には新事実の発見も決して少なくないのは事実で、つまりキーをもって天の扉を開くというものだ。

こうした事が人生として有意義に暮らさしめる。人生まれて酔生夢死ほどつまらないものはない。大いに力《つと》めよや、吾人！　生きがいあれや吾人！　これ吾人の面目でなくて何んであろう。何事も心が純正でかつ何時も体が健康で、自ら誇らず、他をねたまず、水の如き清き心を保持して行くのは、神意にかなうゆえんであろう。こんな澄んだ心で一生を終えれば死んでもあえて遺憾はあるまい。そして静かに成仏が出来るに違いなかろう、とあえて私は確信するのである。

終りに臨みて謡うていわく、

学問は底の知れざる技芸なり
憂鬱は花を忘れし病気なり
わが庭はラボラトリーの名に恥じず
綿密に見れば見る程新事実
新事実積り積りてわが知識
何よりも貴き宝持つ身には、富も誉れも願わざりけり

昭和二十八年九月

第二部　混混録

所感

何時《いつ》までも生きて仕事にいそしまんまた生まれ来ぬこの世なりせば

われらの大先輩に本草学、植物学に精進せられた博物学者の錦窠《きんか》翁伊藤圭介先生があった。珍しくも九十九歳の長寿を保たれしはまず例の鮮《すく》ない芽出度《めでた》い事である。しかるに先生の学問上研鑽がこの長寿と道連れにならずに、先生の歿年より遡りておよそ四十年程も前にそれがストップして、その後の先生は単に生きていられただけであった。そうすると先生の研究は直言すれば死の前早くも死んでいるのである。学者はそれで可《い》いのか、私は立ちどころにノーと答える事に躊躇しない。

学者は死ぬる間際まで、すなわち身心が学問に役立つ間は日夜孜々《しし》としてその研鑽を続けねばならない義務と責任とがある。畢竟それが学者の真面目で学者の学者たる所以《ゆえん》はそこにある。「老」という事は強いて問題にすべきものではなく、活動している間は歳は幾つであろうと敢てそれを念頭に置く必要は無い。足腰が立たなくなり手も眼も衰え来ってために仕事が出来なくなれば、その時こそはじめて「老」が音ずれて真の頽齢境に入るのである。そうなれば全く世に無用な人間となりはて、何時死ぬるも御勝手で何も遠慮することには及ばぬ事となる。

自分は平素上のように考えているので、たとい年は取ってもなるべく仕事の出来る期間の長からん事を祈っている。そして前の伊藤先生の場合を回想すると先生の長寿はこの上も無く芽出度いが、その疾《はや》く放棄せられた研究心はその長寿に比べては一向に御芽出度く無い。故に学者としての先生は決して九十九歳では無く、それよりはずっと短くおよそ六十歳位の生命であったと断ずべきだ。自分は無論先生の比類稀《ま》れな長寿を祝する事には異存は無いが、しかし一面早くも研鑽心を忘れた先生を弔する事にも敢て臆病では無いのだ。

私の健康法

昭和二十二年十一月一日、東京の中村舜二氏という方から『高齢一百人』と題する書物を用意するために、条項書きで左の回答を求められたので、すなわち筆を馳せて同十二月にその返答を書き綴り同氏へ送ったものが左の通りであった。そして右同氏の書面には「老生事多少たりとも文献報国の微忱《びしん》不禁此度び現代各階級より御高齢の諸名士一百人を厳選仕りその各位より健康長寿に干する御感想を伺いそれを取り纏めて一本として最も近き将来に出版仕度存候」とあった。

〔一〕特に健康法として日常実行しつつある何等かありや否

何にも別に関心事なく平素坦々たる心境で平々凡々的に歳月を送っています。すなわちかく心を平静に保つ事が私の守ってる健康法です。しかし長生きを欲するには何時もわが気分を若々しく持っていなければならなく、従って私はこの八十六の歳になっても好んで、老、翁、叟、爺などの字を我が姓名に向かって用いる事は嫌いである。例えば牧野翁とか牧野叟とかと自署し、また人より牧野老台などとそう書かれるのも全く好きません。それ故自分へ対して今日まで自分にこんな字を使った事は一度もなく、「わが姿たとえ翁と見ゆるとも心はいつも花の真盛り」です。

〔二〕最近の日常生活振り

今日は時節柄止むを得ないから、毎日得られるだけの食物で我慢し生活せねばならぬのだが、しかしなるべく滋養分を摂取する事に心掛け、わが学問のために何時までも自分の体力を支え行かねばならんと痛感しています。それでも元来自分が幸いに至極健康であるが故に今日のところ身体は別に肥える事はないけれど仕合せにはまた敢て弱りもしません。けれども戦前に比ぶれば食の関係で多少痩せた事は事実である。且つこの頃は脂油を得るに難いから、ために皮膚の枯燥を招いています。まことに困ったもんです。

〔三〕食餌法、粗食、小食、菜食、健啖の類、特に好物として快喫するもの

私は生来割合に少食です。その食物は物により嫌いはあれど、また特殊な好物もなくまず何んでも食っています。胃腸が頗る丈夫なのでよく食物を消化し、一体食物には不断に誠に世話の焼けない方です。しかし従来腥臭《なまぐさ》いために余り魚類を好きませんでしたが、この頃は食味が一変してよくそれを食しています。牛肉は幼年時代から一串《かん》せる嗜好品ですが、鶏肉は余り喜びません。コーヒーと紅茶とは至って好きで喜んで飲みますが、抹茶は余り難《ありがたく》有思いません。今日は右コーヒーと砂糖とが得難いので困っていますが、しかしヤミで買えば何んとかなるようです、呵々《かか》。

〔四〕酒と煙草との来歴

私は酒と煙草とは生来全く嫌いで、幼少時代から両方とも呑みません。元来私は酒

造家の息子なれども幼い時分から一向に酒を飲まなかったのです。従来この酒と煙草とを用いなかった事は私の健康に対して、どれほど仕合せであったかと今日大いに悦んでいる次第です。故に八十六のこの歳になっても少しも手が顫わなく、字を書いても若々しく見え、敢て老人めいた枯れた字体にはならないのです。また眼も良い方でまだ老眼になっていないから老眼鏡は全く不用です。そしていろいろの書き物写し物は皆肉眼でやり、また精細なる図も同じく肉眼で描きます。しかし、頭髪は殆んど白くなりましたが、私は禿《はげ》にはならぬ性です。歯は生まれつきのもので虫歯はありません。この頃は耳が大分遠くなって不自由です。それから頭痛、逆《のぼ》せ、肩の凝り、体の倦怠《だるさ》、足腰の痛みなど絶えてなく、按摩《あんま》は私には全く用がありません。また下痢なども余りせず両便とも頗る順調です。

〔五〕病　歴

私は文久二年四月の生まれですが、まだ物ごころのつかぬ時分に早くも両親に訣《わか》れて孤児となりました。わが家の相続人に生まれた私は幼ない時分には体が弱々しかったので家人が心配し時々灸をすえられたが、それから後次第に息災となり余り病気をした事がなく、そして何等持病というものがありません。しかし今から最早《もは》や二十年程前に医者に萎縮腎だといわれましたが、小便検査にも一向蛋白が出ず、あるいは時々山に登りあるいは相当に体を劇動させても爾後何の異条もなく今日に及んでいます。しかしこの二、三年以来重い物を抱える際に突然座骨神経痛様の強い痛みが偶発する事があるが、それはおよそ一ヵ月位で自然に全快します。また昨年以来不意に三度も肺炎に侵されしが幸いに平癒して以来何んの別条もなく、この頃は一向に風邪にも罹《かか》らず過ぎ行いています。数年前に本郷の大学の真鍋物療科で健康診断をして貰った事があったが、その時血圧は低く脈は柔かで若い者の脈と同じだ、これなら今後三十年の生命は大丈夫だと、串戯《じょうだん》交りにいわれた事があり、そしてこの血圧の低い事と脈の柔かい事から推しますと、まず私は脳溢血に罹る事はないように思われます。またある医学博士は、先生の身体は檜造りで何処も何等の異条がないと褒められた事もありました。

また私の体は創《きず》をしても滅多に膿《うみ》を持たず癒るのが頗る早いので、小さい創は何んの手当てもせず何時もその儘《まま》に投《ほう》り放しで置きます。つまり私の体は余り黴菌が繁殖せぬ体質とみえます。すなわちバクテリアの培養基としては極めて劣等のものと想像します。そして何んだか自分にもそのように信ずるので、流行病のある時などでも電車中でマスクを掛けた事は絶えてありません。それから私は常に鼻で呼吸をしています。電車中でも隣の客が咳をしますと、その唾の飛沫を吸い込まぬ用心のために暫時、呼吸をする事を止めています。

〔六〕配偶者の過去現在

妻は昭和三年に五十五歳で病歿、生まれた子供は十三人、現在六人生存、他は病歿、私には後妻はない。

〔七〕父母及祖父母の年齢と家系

父は養子で慶応元年に三十九歳で病歿。

母は祖父の先妻の娘で慶応三年に三十五歳で病歿。

祖父は慶応四年に七十五歳で病歿。

祖母は病歿。

第二（後妻）の祖母は明治二十年に七十八歳で病歿、私とは何んの血統も引いていない。家系は土佐国高岡郡佐川《さかわ》町で旧家といわれし家柄で、酒造と雑貨店とを営んでいた商家です。

〔八〕 睡眠時間、起床、就床

睡眠時間はまず通常六時間あるいは七時間位で、朝は大抵八時前後に床から離れます。非常によく眠り枕を附けると直ぐ眠りに落ちます。夢は時々見ます。この頃は夜は十二時前に就褥した事は殆どなく、往々午前一時、あるいは二時、あるいは三時頃、あるいは時とすると夜の明ける迄ペンを執っていますが、しかしその翌日は別に何んともありません。今日では大抵毎日朝から夜の更ける迄机前に坐し書生気分で勉強し、多くは我が著述に筆を持ち、あるいは植物の研究に従事し、只食事時に行いて食卓につくばかりです。

私は幸いに非常に根気がよく続き、一つの仕事を朝から晩まで続けても、敢て厭きが来るような事は少しもありません。どうも何か仕事をしていないと気の済まん性分と見えます。そして夏でも一向に昼寝をした事はありません。しかし二、三年来余り坐り通しで、大いに運動が不足しており、且つ日光浴も紫外線にあたる事も不充分ゆえ、これからはその辺に大いに注意すべきだと思っています。私の机は主として日本机を用い、テーブルよりは此方がずっと楽です。つまりこれはその人の習慣に由るのでしょう。

〔九〕信　仰

信仰は自然その者がすなわち私の信仰で別に何物もありません。自然は確かに因果応報の真理を含み、これこそ信仰の正しい標的だと深く信じています。恒《つね》に自然に対していれば私の心は決して飢える事はありません。

〔十〕趣味趣向

私は生来いろいろの趣味を持っていますが、その中でも音楽、歌謡、絵画は最も興深く感じます。また自然界の種々な現象、種々な生物ならびに品物についても趣味を感じ、殊に火山については最も感興を惹きます。けれども他に超越して特に深い趣味を感受するものは、何んといっても天性好きな我が専門の植物その者です。草木に対していれば何の憂鬱も煩悶も憤懣もまた不平もなく、何時も光風霽月《せいげつ》でその楽しみいうべからずです。まことに生まれつき善いものが好きであったと一人歓び勇んでいるのです。そしてそれは疑いもなく私一生涯の幸福であると会心の笑みを漏していますす。従って敢て世を呪わず、敢て人をば怨まず、何時も心の清々しい極楽天地に棲んでいるのです。

〔十一〕養生訓、処世訓と曰ったもの

前にも陳《の》べた通り私は体が至って健康な故に、別に養生訓というものに、ついぞ注意を向け心を労した事がありません。つまりいわゆる養生に無関心な訳で、私の体にはその養生というものに対して心配する程な、欠陥がないからです。故に畢竟敢て気に留めないのです。また処世訓も同様で、私は敢て世態に逆らわずに進退し、常にそれに順応して行く故に、特にいわゆる処世訓というような題目に心を配ってそれをとやかく論じ理窟をいって見た事は一度もありません。

〔十二〕近什近詠

拙《つた》なき近詠を左に、

いつまでも生きて仕事にいそしまん、
　また生まれ来ぬこの世なりせば
何よりも貴とき宝もつ身には、
　富も誉れも願わざりけり

余ガ年少時代ニ抱懐セシ意見

左の一篇は私が年少時代にわが郷里土佐高岡郡佐川町の自宅に於てその当時私の抱懐していた意見を書き附けたもので、「緒鞭一撻《しゃべんいったつ》」と題してあった。これは今から六十六、七年前の明治十四、五年、私が二十歳頃に書いたものである。そして今日これを読んでみると私は実に感慨に堪えないものがある。当時私は飽食暖衣別に何の不自由もなかったのであったから、時来れば必ず仰〔望〕の抱負を悉《ことごと》く実行して見ようと心私《ひそ》かに期待していたに相違ない。春風秋雨半世紀以上を閲《へ》た今日に於てこれを閲《けみ》して見ると、その中でなんぼも実績が挙がっていないのに一驚を喫する。今日これを回想すれば爾来有為の活動時代に私は何をして過ごして来たのか。私はただ何時とはなしに夢の如く今日まで来たような感じがする。私が招きに応じ民間から入って東京大学の理科大学に奉職したのは指折り数えて見ると、実に今から五十四年前の明治二十六年一月であったが、月給僅か十五円、その時分から貧乏をしはじめて思う事が充分に出来なかった。徒《いたず》らに歳月矢の如く逝《ゆ》きて今は全くの白頭になったが、その間何一つでかした事もないので、この年少時代に書いた満々たる希望に対して転《うた》た忸怩《じくじ》たらざるを得ない。

今左にわざとその「赭鞭一撻」の一字一句も改竄せずに、極めて拙文のままその全篇を掲げて、読者諸君の一粲《いっさん》に供えてみよう。私は上に述べたように今は何んにも出来ていないが、それでも一度はこのような希望に燃えていた少年であった事を思い遣って下さい。

赭鞭一撻　　結網子　稿

○忍耐ヲ要ス

堅忍不撓ノ心ハ諸事ヲ為スモノノ決シテ欠クベカラザル者ニシテ繁密錯雑ナル我植学ニ在テモ資ヲ此ニ取ラザルハ一トシテ之ナキナリ故ヲ以テ阻心ヲ去テ耐心ヲ存スルモノハ其功ヲ就《な》ス易々タルナリ

○精密ヲ要ス

周密詳細モ亦決シテ失フ可ザルモノニシテ之ニ忍耐ヲ添加シテ其功正ニ顕著ナリ精細之ヲ別テ両トナス心ト事ト是ナリ解剖試験比較記載ヨリ以テ凡百ノコトニ至テ皆一トシテ此心ノ精ヲ要セザルナク又事ノ精ヲ要セザルナシ故ヲ以テ此心ヲシテ恒《つね》ニ放逸散離セシメザレバ一睹《いっと》スル者此ニ瞭然一閲スル者此ニ粲然

○草木ノ博覧ヲ要ス

博覧セザレバ一方ニ偏辟ス一方ニ偏在スレバ遂ニ重要ノ点ヲ決スル能ハズ要点ヲ発見スル無キハ是レ此学ノ病ニシテ其病タル博覧セザルニ座スルモノナリ

○書籍ノ博覧ヲ要ス

書籍ハ植物記載〔所載ノ意ナリ〕ノ書ニシテ仮令《たと》ヒ鶏肋ノ観ヲ為スモノト雖ドモ悉ク之ヲ渉猟閲読スルヲ要ス故ニ植学ヲ以テ鳴ラント欲スルモノハ財ヲ吝《おし》ム者ノ能ク為ス所ニアラザルナリ

○植学ニ関係スル学科ハ皆学ブヲ要ス

曰ク物理学曰ク化学曰ク動物学曰ク地理学曰ク天文学曰ク解剖学曰ク農学曰ク画学是皆関係ヲ植物学ニ有ス数学文章学ハ更ニ論ヲ俟《また》ザルナリ

○洋書ヲ講ズルヲ要ス

其堂ニ造ラント欲シ其 胾《ししむら》 ヲ啖《くら》ハント欲スル者ハ当《まさ》ニ洋籍ヲ不講ニ置ク可カラザルナリ是レ洋籍ノ結構所説ハ精詳微密ニシテ遠ク和漢ノ書ニ絶聳スレバナリ 雖 然《しかりといえども》是レ今時ニ在テ之ヲ称スルノミ永久百世ノ論トスルニ足ラザルナリ

○当ニ画図ヲ学ブベシ

文ノミニテハ未ダ以テ其状ヲ模シ尽スコト能ハズ此ニ於テカ図画ナル者アリテ一目

能ク其微妙精好ノ処ヲ悉《つく》ス故ニ画図ノ此学ニ必要ヤ尤《もっとも》大ナリ　然而《しかりしこうして》植物学者自ラ図ヲ製スル能ハザル者ハ毎《つね》ニ他人ヲ倩《やとう》テ之ヲ図セシメザルヲ得ズ是レ大ニ易シトスル所ニ非ザルナリ既ニ自ラ製図スルコト能ハズ且加フルニ不文ヲ以テスレバ如何シテ其蘊《うん》ヲ発スルコトヲ得ルヤ決シテ能クセザルナリ自ラ之ヲ製スルモノニ在テハ一木ヲ得ル此ニ摹《も》シ一草ヲ得ル此ニ写シ更ニ他人ノ労ヲ仮ラズ且加ルニ舞文ヲ以テセバ恰《あたか》モ晶盤ニ水ヲ加フルガ如ク彰々瞭々其微ヲ闡《ひら》キ其蘊ヲ発スルハ是レ易シトスル所ナリ之ヲ自ラ製スル能ハザルモノニ比スレバ難易ノ懸絶スルヤ一目其大ナルコトヲ知ルナリ

○宜ク師ヲ要スベシ

書籍ノミニテハ未ダ以テ我疑ヲ解クニ足ラズ解疑スルニ足ラザレバ師ニ就テ之ヲ問フノ外ニ道ナキナリ其師トスル処ハ必ズ一人ヲ指サズ我ヨリ先ニ之ヲ聴クモノハ生ル、ノ我ニシテ先後ニ論ナク皆悉ク之ヲ師トシテ可ナリ若シ年ノ我ヨリ幼ナルヲ見テ曰ク我ニシテ彼幼者ニ問フ羞ヅ可キノ至リナリト　如此《かくのごとく》ニ至テハ如何シテ其疑ヲ解クヲ得ルカ其疑タル死ニ至テ尚未ダ解ケザルナリ

○吝財者ハ植学者タルヲ得ズ

書籍ヲ購《あがな》フ財ヲ要スルナリ器械ヲ求ムル財ヲ要スルナリ　苟《いやしく》モ此学ノ考証ニ備ヘ此

学ヲシテ益《ますます》明ナラシムル所以ノモノハ皆一トシテ財ヲ要セザルナシ財ヲ投ゼザレバ書籍器械等一切求ムル所ナシ故ニ曰ク財ヲ吝《おし》ム者ハ植学者タルヲ得ズト

○跋渉ノ労ヲ厭フ勿レ

峻嶺岡陵ハ其攀登ニ飽カズ洋海川河ハ其渡渉ヲ厭ハズ深ク森林ニ入リ軽ク巌角ヲ攀《よ》ヂ沼沢砂場ニ逍遥シ荒原田野ニ徘徊スルハ是レ此学ニ従事スルモノ、大ニ忽《ゆるがせ》ニス可ラザル所ニシテ当ニ務テ之ヲ行フベキナリ其之ヲ為ス所以ハ則チ新花ヲ発見シ土産ヲ知リ植物固有ノ性ト其如何ノ処ニ生ズルカヲ知ルニ足レバナリ

○植物園ヲ有スルヲ要ス

遠地ノ産ヲ致シ稀有ノ草木ヲ輸スルトキハ皆之ヲ園ニ栽《うえ》テ之ヲ験スベキナリ又賞玩ノ草木ニ至テハ随在之ヲ自生スルモノニ非ズ故ヲ以テ之ヲ園ニ培養セザルヲ得ズ又山地沼沢等ノ草木ヲ栽蒔《さいじ》シテ他日ノ考ニ備フルハ大ニ便ヲ得ル有ルナリ故ニ植物学ヲ修スルノ輩ハ其延袤《えんぼう》ノ大小ヲ問ハズ当ニ一ノ植物園ヲ設置スルヲ以テ切要トスベシ既ニ園ヲ設クレバ則チ磁盆鋤鍬《じょしょう》ノ類ヨリシテ園ニ俟《ま》ツノ物ハ一切予置スルハ更ニ論ヲ俟ザルナリ

○博ク交ヲ同志ニ結ブ可シ

道路ノ遠近ヲ問ハズ山河ノ沮遮ヲ論ゼズ我ト志ヲ同クスルモノアレバ年齢ノ我ニ上

下スルニ論ナク皆悉ク之ト交ヲ訂シ長ヲ補ヒ互ニ其有スル所ヲ交換スレバ其益タル少小ニ非ズシテ亦一方ニ偏スルノ病ヲ防グニ足リ兼テ博覧ノ君子タルコトヲ得ベシ

○邇言ヲ察スルヲ要ス

農夫野人樵人漁夫婦女小児ノ言考証ニ供スベキモノ甚ダ多シ則チ名ヲ呼ビ功用ヲ称シ能毒ヲ弁ズルガ如キ皆其言フ所ヲ記シ収ムベシ他日其功ヲ見ズンバアラザルナリ故ニ邇言《じげん》取ルニ足ラズト云ガ如キニ至テハ我ノ大ニ快シトセザル所ナリ

○書ヲ家トセズシテ友トスベシ

書ハ以テ読マザル可ラズ書ヲ読マザル者ハ一モ通ズル所ナキ也雖然其説ク所必ズシモ正トスルニ足ラザルナリ正未ダ以テ知ル可ラズ誤未ダ以テ知ル可ラザルノ説ヲ信ジテ以テ悉ク己ノ心ニ得タリト為シ独《た》ダ一ニ書ヲ是レ信ジテ之ヲ心ニ考ヘザレバ則点一ニ帰スルナク貿貿乎トシテ霧中ニ在リ遂ニ植学ヲ修ムル所以ノ旨ニ反シテ其書ノ駆役スル所トナリ其身ヲ終テ後世ニ益スルナシ是レ書ヲ以テ我ノ家屋ト為スノ弊タルノミ如《かくのごと》此クナラザル者ハ之ヲ心ニ考ヘ心ニ徴シテ書ニ参シ必シモ書ノ所説ヲ以テ正確ニシテ従フベキト為サズ反覆討尋其正ヲ得テ以テ時ニ或ハ書説ニ与シ時ニ或ハ心ニ従フ故ヲ以テ正ハ愈《いよい》ヨ正ニ誤ハ益《ますます》遠カル正ナレバ之ヲ発揚シテ著ナラシメ誤ナレバ之ヲ擯《しりぞけ》テ隠ナラシム故ニ身ヲ終ルト雖ドモ後世ニ益アリ是レ書ヲ以テ

家屋ト為《せ》ズシテ書ヲ友トナスノ益ニシテ又植学ヲ修ムルノ主旨ハ則チ何ニ在ルナリ

〇造物主アルヲ信ズル毋《なか》レ

造物主アルヲ信ズルノ徒ハ真理ノ有ル所ヲ窺フ能ハザルモノアリ是レ其理隠テ顕レザルモノアレバ其理タル不可思議ナルモノトシ皆之ヲ神明作為ノ説ニ附会シテ敢テ其理ヲ討セザレバナリ故ニ物ノ用ヲ弁ズルコトハ外ニ明ナリト雖ドモ心常ニ壅塞《ようそく》丕閉《へい》シテ理内ニ暗シ如此ノ徒ハ我植学ノ域内ニ在テ大ニ恥ヅベキ者ナラズヤ是レ之ヲ強求スレバ必ズ得ルコトアルモ我ノ理ノ通ゼザル処アレバ皆之ヲ神明ノ秘蘊ニ托シテ我ノ不明不通ヲ覆掩修飾スレバナリ

火山を半分に縦割りにして見たい

私は去る昭和十二年一月に次のような文章を当時の「科学知識」で発表した。これは私がかの葦原《あしわら》将軍の二代目になるため松沢へ行こうというのではなく、全く正気の沙汰で筆を執ったのである。そして今日でも敢てこの希望は捨てていなく、もしも万一〇《レコ》が千万円も懐に這入って来た事が夢ではなくて本当にあったなら早速その仕事に取り掛る段取りになるのだが、どうもこの福の神ゴ入来は少々当てにゃならんらしいから、まずここは一場のオ話に止めておくより外致方はあるまい。千万長者に生まれなかったばっかりにサテも残念至極な事だ。苟《いやしく》も名を後世に垂れんとするにはこの位デッカイ事をしでかさんとモノにゃならん、そこに来ると秦の始皇は全くエライよ、万里の長城は始皇の名と共に不朽ではないか、またピラミッドもこの類だネ。

私は一つの火山を縦に半分に割ってその半分の岩塊を全部取り除けてみたい。つまり山を半分にするのだ。これを実行するには大きな山はとても手におえずアキマヘンから、なるべく小さい孤立した山を択びたい。それにはかの伊豆の小室山《こむろやま》が丁度持って来いだ、これならなし遂ぐべき可能性が充分にある、そしてそれが休火山と来ているのだから願うてもない幸いだ。

さていよいよその山が半分になったと仮定して見たまえ、すなわちそれが元は火山であるのだから、これを縦に割ったら忽《たちま》ちその山の成り立ちやら組織やらまた年代やらが判明し、そこで火山学や岩石学、地質学などに対しどれほど無類飛切りな好研究資料を提供するか知れない。かの有名なジャヴァのクラカトアの火山が半分ケシ飛んでいるが、マアそんなものになる訳だ。クラカトアの方は強烈な天然の爆発力でアノ様になったのだが、われはそれを人間業《わざ》で行こうというのだ。まだ今日まで世界広しといえども、こんな事をしたのは何処にも無かろう。それを学術のために日本人がしでかそうというのは褒めた話であるといってよい。日本は戦争にも負けたが、それでもなかなか馬鹿にならん大きな考えを持っている人があると当世の人々はキット瞠目するのであろう。

私の信条

何んでもこうしようと思っている考えは、大小となく軽重となくいずれも信条である。ですから、人々は沢山な信条を持っているわけだ。それゆえ信条のない人は恐らく世の中に一人もあるまい。

だが、信条には立派な信条もあればつまらぬ信条もある。偉大な人の信条はこの上もなく立派なものであるのだが、平凡な人の信条はその人のように全く平凡である。

私は凡人だから凡人並みの信条を持っている。その中で私として最も大いなる信条は、わが日本の植物各種を極めて綿密に且つ正確に記載し、これを公刊して書物となし、世界の各国へ出し、大いに日本人の手腕を示して、日本の学術を弘く顕揚し、且つ学界へ対して極めて重要な貢献をなし得べきものを準備するにある。つまり各国人をアットいわせる誇りあるものを作りたいのだ。そして日本人はこの位仕事をするぞと誇示するに足るものを作らねばらん。

これは日本の植物学者に出来ぬ仕事かどうかといえば、それは確かに出来る仕事であると、私はこれを公言し断言するに躊躇しない。すなわちこの目的を以て既に出来たものが、私の著述の『大日本植物志』すなわち“Icones Florae Japonicae”であった。

私は大学にいる時、大学での責任仕事としてこの大著述に着手した。それ私一人の編著であった。そして私を信じてはじめてこの仕事を打立て任せてくれた恩人は当時大学の総長の浜尾新先生であった。

私は間もなく浜尾先生の仁侠により、至大の歓喜、感激、乃至《ないし》決心を以て欣然その著述に着手した。私はこの書物について一生を捧げるつもりでいた。そして次のような抱負を持っていた。すなわち第一には日本には、これ位の仕事をする人があるぞという事、その図は極めて詳細正確で世界でもまずこれ程のものがザラにはない事、且つ図中植物の姿はもとよりその花や果実などの解剖図も極めて精密完全に書く事、その描図の技術は極めて優秀にする事、図版の大きさを大形にする事、その植物図は悉く皆実物から忠実に写生する事、このようにして日本の植物を極めて精密に且つ実際と違わぬよう表わす事、まずおよそこんな抱負と目的とを以って私は該著述の仕事をはじめた。その原稿は精魂を打込み自分で描いてこれを優れた手腕のある銅版師に托して銅版彫刻とし、あるいは石版印刷としたが、後には幾枚かのその原図を写生図に巧みで、私の信任する若手の画工に手伝わした事もあった。

この大冊（縦一尺六寸、横一尺二寸）の第一巻第一集が明治三十三年（一九〇〇）二月に出版せられて西洋諸国の大学、植物園などへも大学から寄贈せられた。次いで第二、第三、第四集と続けて刊行したが、元来植物学教室で当時私は極めて不遇な地位にありながら奮闘しておったため、教授の嫉妬なども手伝って冷眼せられ、悪罵せられなどして、この『大日本植物志』の刊行は第四冊目でストップしてしまった。今思うと、これはこの上もない惜しい事でもしもこれを今までも続けていたなら、必ず堂々たる貴重本にもなっていたであろうし、また学問上へも相当貢献していたであろうが、短命で夭死したので、まことに残念ながら、ただ四冊だけが記念として世に残る事となった。

明らさまにいえば今日の日本の植物界で著者自身で精図も描き、詳細無比の解説文も綴るこのような仕事を遂行出来る人は恐らくこれなく、またチョットそんな人は世に出ないのであろう。これは著者がよほど器用な生まれの人でない限りそれは出来ない相談だ。自慢するようで可笑しいけれど、この『植物志』と同様な仕事を仕遂げる人はまず今日では、率直にいえば私自身より外にはないと断言してよいのであろう。これは狂人の言かも知れないがもしあればやって見るがよい、果して匹敵が出来るかどうか、何時でも御手際を拝見しよう。私の残念でたまらない事はこの仕事が続かなかった事だ。この私の深い信条の仕事が頓挫した事だ。これは日本の文化のためにこの上もない惜しい事だが、しかしとにかく四冊だけ出来た。嘘と思えばどなたでも右の四冊を御覧になって下さい。そうすれば私が虚言を吐いているか妄言を弄しているかがよく分るであろう。

私のやりたいと思ったこの大きな信条のその実行が、右の様に挫折した事は、日本のためにもまた私のためにも甚だ惜しい。これを思うと涙がにじんで来る。私が今もっと若ければふたたび万難を排して仕事にかかるけれど、何をいえ少し年を取り過ぎた。イヤ八十九歳でも強いてやれば出来ん事はない自信はあれど、他に研究せねばならぬ事項が沢山あるから、この一事に安んじてそれを遂行する時間を持たない。ただ私のせめてもの思い出は、右『植物志』は私の記念碑を建てたようなものであると自分で自分が慰めている次第だ。希《ねがわ》くは将来右の『植物志』と同様、否な、それ以上の立派な仕事が出来る人が日本に生まれ出て、その誇りとする出来栄えを世界万国に示されん事を庶幾《しょき》する次第だ。

私の信条の大なるものはまずかくの如しだ。妄言多罪、頓首々々。

わが生い立ち

私はかつて「帝国大学新聞」にこんな事を書いた事があります。それはすなわち「私は植物の愛人としてこの世に生まれ来たように感じます。あるいは草木の精かも知れんと自分で自分を疑います。ハハハハ、私は飯よりも女よりも好きなものは植物ですが、しかしその好きになった動機というものは実のところそこに何にもありません。つまり生まれながらに好きであったのです。どうも不思議な事には、酒屋であった私の父も母も祖父も祖母もまた私の親族のうちにも誰一人特に草木の嗜好者はありませんでした。私は幼い時からただ何んとなしに草木が好きであったのです。私の町（土佐佐川町）の寺子屋、そして間もなく私の町の名教館《めいこうかん》という学校、それに次いで私の町の小学校へ通う時分よく町の上の山などへ行って植物に親しんだものです。すなわち植物に対してただ他愛もなく、趣味がありました。私は明治七年に入学した小学校が嫌になって半途で退学しました後は、学校という学校へは入学せずにいろいろの学問を独学自修しまして多くの年所を費やしましたが、その間一貫して学んだというよりは遊んだのは植物の学でした。

しかし私はこれで立身しようの、出世しようの、名を揚げようの、名誉を得ようの、というような野心は、今日でもその通り何等抱いていなかった。ただ自然に草木が好きでこれが天稟《てんぴん》の性質であったもんですから、一心不乱にそれへそれへと進んでこの学ばかりはどんな事があっても把握して棄てなかったものです。しかし別に師匠というものが無かったから、私は日夕天然の教場で学んだのです。それゆえ断えず山野に出でて実地に植物を採集しかつ観察しましたが、これが今日私の知識の集積なんです」というのでした。

こんなようなわけで草木は私の命でありました。草木があって私が生き、私があって草木も世に知られたものが少なくないのです。草木とは何の宿縁があったものか知りませんが、私はこの草木の好きな事が私の一生を通じてとても幸福であると堅く信じています。そして草木は私に取っては唯一の宗教なんです。

私が自然に草木が好きなために、私はどれ程利益を享《う》けているか知れません。私は生来ようこそ草木が好きであってくれたとどんなに喜んでいるか分りません。それこそ私は幸いであったと何時も嬉しく思っています。

ハタットウ

　私は今年七十八歳になりましたが、心身とも非常に健康で絶えず山野を跋渉《ばっしょう》し、時には雲に聳《そび》ゆる高山へも登りますし、また縹渺《ひょうびょう》たる海島へも渡ります。そして何の疲労も感じません。私は上のように年が行っていますけれど、私の気持ちはまず三十より四十歳位のところで、決して老人のような感じを自覚しません。もうこんな年になったとて老人ぶることは私は大嫌いで、何時も書生のような気分なんです。学問へ対しましても何時も学力が足らぬという気が先きに立ちまして、自分を学者だなんと大きな顔をした事は一度もありません。それは私に接する人は誰でもそう感じ、そう思って下さるでしょう。少し位学問したとてそれで得意になったり、尊大に構えたりするのはそれは全くヘソ茶もので、わが得た知識をこの宇宙の広大かつ深淵な事に比べれば、顕微鏡で観ても分らぬ位小さいもんダ、チットモ誇るに足らぬもんダ、オツト、チョット脱線しかけたからまた元へ還って、私の健康は上に書いたようだが、人間は何をするにも健康が第一である事は誰も異存はないでしょう。どんな仕事をするにしても健康でなければダメで、時々病褥に臥したり薬餌に親しんだりするようでは如何に大志を抱いていても決してこれを実行に移す事は出来ません。

さて私の健康は何より得たかといいますと、私は前にいった様に、幼い時から生来草木が好きであったため、早くから山にも行き野にも行き、その後長い年月を経た今日に至るまでどの位歩いたか分りません。それで運動が足ったのです。その間絶えず楽しい草木に向かい、心神を楽しめ慰めつつ自然に運動が足ったわけです。その結果遂に無上の健康を贏《か》ち得たのです。

私の両親は私の極《ごく》幼い時に共に若くて世を去りまして、私は両親の顔も両親の慈愛も知りません。兄弟も無かったので私独りポッチであったのです。祖母が私を育てましたが幼い時は大変に体が弱かったそうです。胸骨が出ているといって心配してくれた事をウロ覚えに覚えています。クサギの虫、また赤蛙《あかひき》を肝の薬だといって食わされ、また時々痛いお灸をすえられました。私が酒屋の跡襲ぎ息子、それはたった一人生まれた相続者であったため、とても大事にして育ててくれたらしいのです。少し大きくなりまして十歳位にもなった時、私の体はとても痩せていましたので、友達などはよく牧野は西洋のハタットウだ、などとからかっていました。それは私の姿が何となく西洋人めいていて（今日でもそうらしいのです）、且つ痩せて手足が細長いというのでハタットウといったもんです。ハタットウとは、私の郷里でのバッタの方言です。こんな弱々しい体が年と共に段々と健康になり、ついに今日に及んでいます。

あと三十年

そしてその間大した病気に罹った事がないのですが、私の今日の状態ですとこの健康はまず当分は続きそうです。今日私の血圧は低く脈は柔かくて若い人と同じであるので、医者は串戯《じょうだん》半分まずこの分ならばあと三十年は大丈夫ダといっていますが、しかしこれをお世辞と聞いてその半分生きても大したもんです。そうすると私は九十位になる。どうかそうありたいもんだと祈っています。

余り健康自慢をするようでチト鼻につきますが、序《ついで》にもう少々述べますれば私は一つも持病がありません。そしていくら長く仕事を続けましても決して肩が凝るナンテ事はありませんから、按摩《あんま》は全く私には無用の長物です。逆上《のぼせ》も知らず、頭痛も滅多にしません。また、夏でも昼寝をしません。また、夜は午前二時頃まで仕事を続けていますが、運動が足ったせいでしょう胃腸がとても健全で、腹痛下痢などこれまたまことに稀です。食事の時三ゼン御飯を食べれば、その二ゼンはお茶漬です。そして直ぐ消化して仕舞います。夜は非常によく眠りますので、枕を着けると直ぐ熟睡の境に入ります。

私のこの健康を贏《か》ち得ましたのは、前にもいったように全く植物の御蔭で、採集に行くために運動が足ったせいです。そして山野へ出れば好きな草木が自分を迎えてくれて心は楽しく、同時に清新な空気を吸い、日光浴も出来、等々皆健康を助けるものばかりです。その上私は、宅は酒を造っていましたけれど酒が嫌いで呑まず、また煙草も子供の時から吸いませんので、それがどの位私の堅実な健康を助けているのか知れません。今は耳が少しく遠くなりました外、眼も頗る明らかで（アミ版の目が見えます）、歯も宜しく、そして決して手も顫えませんのは、何んという仕合せなんでしょう。

それ故まだ私の専門の仕事は若い時と同じように出来ますので誠に心強く、これから死ぬまでウント活動を続けにゃならんと意気込んでおります。先日大学を止めて気も心も軽くなり何の顧慮する事もいりませんので、この見渡す限りの山野にあるわが愛する草木すなわちわが袖褸《しゅうろう》を引く愛人の中に立ち、彼らを相手に大いに働きます。そしてその結果どんなものが飛び出すのか、どうぞこれから刮目して御待ち下されん事を願います。

わが恋の主

以前何時《いつ》だったか、ある事がヒドク私の胸に衝動を与えた事がありました時、私は「草木の学問さらりと止めて歌でこの世を送りたい」と詠んだ事がありましたが、ヤッパリ好きな道は断念出来ませんので間も無くこれまでの平静な心に還り、それは幻のように消えて仕舞いました。

赤黄紫さまざま咲いて
　どれも可愛い恋の主

年をとっても浮気は止まぬ
　恋し草木のある限り

恋の草木を両手に持ちて
　劣り優りのないながめ

草木への愛

終わりに臨んで今一言してみたい事は、私は草木に愛を持つ事によって人間愛を養成する事が確かに出来ると信じている事です。

もしも私が日蓮のような偉い人であったならば、私は草木を本尊とする一つの宗教を建つる事が出来たと思っています。草木は生き物でそして生長する。その点敢て動物とは異なっていない。草木を愛すれば草木が可愛くなり、可愛ければそれを大事がる。大事がればこれを苦しめないばかりではなく、これを切傷したり枯らしたりするはずがない。そこで思い遣りの心が自発的に萌《きざ》して来る。一点でもそんな心が湧出すればそれはとても貴いもので、これを培えば段々発達して遂に慈愛に富んだ人となるであろう。このように草木でさえ思い遣るようにすれば、人間同士は必然的になおさら深く思い遣り厚く同情するのであろう。すなわち固苦しくいえば、博愛心、慈悲心、相愛心、相助心が現われる理由《わけ》ダ。人間に思い遣りの心があれば天下は泰平で、喧嘩も無ければ戦争も起るまい。故に私は是非とも草木に愛を持つ事をわが国民に奨めたい。

しかし、何も私のように植物の専門家になれというのではない。ただ草木の愛好家になればよい。ここにまことに幸いな事には、草木は自然に人々に愛せらるる十分な資格を供え、かの緑葉を見ただけでも美しく、その花を見ればなおさら美しい。すなわち誰にでも好かれる資質を全備している。そしてこの自然の美妙な姿に対すれば心は清くなり、高尚になり、優雅になり、詩歌的になり、また一面から見れば生活に利用せられ、工業に応用せられる。そしてこれを楽しむに多くは金を要しなく、それが四時を通じてわが周囲に展開しているから、何時にても思うまま容易に楽しむ事が出来、こんな良好なかつ優秀な対象物がまたと再び世にあろうか。わが日本の秀麗の山河の姿にはそこに草木が大いなる役目を勤めているが、これが万古以来永く国民性を陶冶した一要素ともなっている。決してかの桜花のみが敷島の大和心を養成したのではない。

私は今草木を無駄に枯らすことをようしなくなった。また私は蟻一疋でもこれを徒《いたず》らに殺す事をようしなくなった。そして彼等に同情し思い遣る心を私は上に述べた草木愛から養われた経験を持っているので、それで私はなおさら強くこれを世に呼び掛けてみたいのである。

植物と心中する男

　私は植物の愛人としてこの世に生まれ来たように感じます。あるいは草木の精かも知れんと自分で自分を疑います。ハハハハ。私は飯よりも女よりも好きなものは植物ですが、しかしその好きになった動機というものは実のところそこに何にもありません。つまり生まれながらに好きであったのです。どうも不思議な事には、酒屋であった私の父も母も祖父も祖母もまた私の親族のうちにも誰一人特に草木の嗜好者はありませんでした。私は幼い時からただ何んとなしに草木が好きであったのです。私の町（土佐佐川町）の寺子屋、そして間もなく私の町の名教館《めいこうかん》という学校、それに次いで私の町の小学校へ通う時分よく町の上の山などへ行って植物に親しんだものです。すなわち植物に対してただ他愛もなく、趣味がありました。私は明治七年に入学した小学校が嫌になって半途で退学しました後は、学校という学校へは入学せずにいろいろの学問を独学自修しまして多くの年所を費やしましたが、その間一貫して学んだというよりは遊んだのは植物の学でした。

　しかし私はこれで立身しようの、出世しようの、名を揚げようの、名誉を得ようの、というような野心は、今日でもその通り何等抱いていなかった。ただ自然に草木が好きでこれが天稟《てんぴん》の性質であったもんですから、一心不乱にそれへそれへと進んでこの学ばかりはどんな事があっても把握して棄てなかったものです。しかし別に師匠というものが無かったから、私は日夕天然の教場で学んだのです。それゆえ断えず山野に出でて実地に植物を採集しかつ観察しましたが、これが今日私の知識の集積なんです。

私が植物の分類の分野に立って断えず植物種類の研究に没頭してそれから離れないのは、こうした経緯《いきさつ》から来たものです。烏兎《うと》匆々《そうそう》歳月人を待たずで私は今年七十二歳ですが、斯《か》く植物が好きなもんですから毎年よく諸方へ旅行しまして、実地の研究を積んで敢て別に飽きる事を知りません。すなわちこうする事が私の道楽なんです。およそ六十年間位も何のわき目もふらずにやっております結果、その永い間に植物につきいろいろな「ファクト」をのみ込んではいますが、決して決して成功したなどという大それた考えはした事がありません。何時も書生気分で、まだ足らない足らないとわが知識の未熟で不充分なのを痛切に感じています。それ故われらは学者で候《そうろう》との大きな顔をするのが大きらいで、私のこの気分は私に接するお方は誰でもそうお感じになるでしょう。少し位知識を持ったとてこれを宇宙の奥深いに比ぶればとても問題にならぬ程の小ささであるから、それは何等鼻にかけて誇るには足りないはずのものなんです。ただ死ぬまで戦々兢々として、一つでも余計に知識の収得に力《つと》むればそれでよい訳です。

私は右のような事で一生を終えるでしょう、つまり植物と心中を遂げる訳だ。このように植物が好きですから、私が明治二十六年に大学に招かれて民間から入った後ひどく貧乏した時でも、この植物だけは勇猛にその研究を続けて来ました。その時分はとても給料が少なく生活費、沢山の子供（十三人出来）の教育費などで借金が出来、時々執達吏に見舞われましたが、私は一向に気にせず押えるだけは自由に押えて行けとその傍の机上で植物の記事などを書いていました。こんな事の昔はきょうの物語となったけれども、今だって私の給料は私の生活費には断然不足していますけれど、老軀を提げての私の不断のかせぎによってこれを補い、まず前日のようなミジメな事はなく辛うじてその間を抜けてはおります。私は経済上余り恵まれぬこんな境遇におりましても敢て天をも怨みません。また人をもとがめません。これはいわゆる天命で私はこんな因果な生まれであると観念しておる次第です。

私は来る年も来る年も、左の手では貧乏と戦い右の手では学問と戦いました。その際そんなに貧乏していても、一っ時もその学問と離れなくまたそう気を腐らかさずに研究を続けておれたのは、植物がとても好きであったからです。気のクシャクシャした時でもこれに対するともう何もかも忘れています。こんな事で私の健康も維持せられ、従って勇気も出たもんですから、その永い難局が切抜けて来られたでしょう。その上私は少しノンキな生まれですから一向平気でとても神経衰弱なんかにはならないのです。私は幼い時から今でも酒と煙草とを呑みませんので、従ってそんな物で気をまぎらすなんていう事はありませんでした。ある新聞に私を酒好きのように書いてありましたがそれは全く誤りです。

前にも申しました通り私も古稀の齢を過しはしましたが、今のところ昔の伏波《ふくは》将軍の如く極めて健康で若い時と余り変りはありません、いつか「眼もよい歯もよい足腰達者うんと働くこの御代《みよ》に」と口吟しました。しかし何といったとて百までは生きないでしょう。植物の大先達伊藤圭介先生は九十九で逝かれた例もあれば、運よく行けば先生位までには漕ぎつけ得るかも知れんとマーそれを楽しみに勉強するサ。今私には二つの大事業が残されていますので、これから先は万難を排してそれに向うて突進し、大いに土佐男子の意気を見せたいと力んでいます。いいふるした語ではあるが、精神一到何事不レ成《ならざらん》とはいつになっても生命ある金言だと信じます。やア、くだらん漫談をお目にかけ恐縮しております。左に拙吟一首。

朝な夕なに草木を友に
すればさびしいひまもない

植物に感謝せよ

植物と人生、これはなかなかの大問題で、単なる一篇の短文ではその意を尽すべくもない、堂々数百頁の書物が作り上げらるべき程その事項が多岐多量で且つ重要なのである。

ところがここには右のような竜頭的な大きなものは今にわかに書く事も出来ないので、ほんの蛇尾的な少しの事を書いて見る。

世界に人間ばかりあって植物が一つも無かったならば、「植物と人生」というような問題は起りっこがない。ところがそこに植物があるのでここにはじめてこの問題が抬起する。

人間は生きているから食物を摂らねばならぬ、人間は裸だから衣物を着けねばならぬ。人間に風雨を防ぎ寒暑を凌がねばならぬから家を建てねばならぬので、そこではじめて人間と植物との間に交渉があらねばならぬ必要が生じて来る。

右のように植物と人生とは実に離す事の出来ぬ密接な関係に置かれてある。人間は四囲の植物を征服しているというだろうが、またこれと反対に植物は人間を征服しているといいえる。そこで面白い事は、植物は人間がいなくても少しも構わずに生活するが、人間は植物が無くては生活の出来ぬ事である。そうすると、植物と人間とを比べると人間の方が植物より弱虫であるといいえよう。つまり人間は植物に向こうてオジギをせねばならぬ立場にある。衣食住は人間の必要欠くべからざるものだが、その人間の要求を満足させてくれるものは植物である。人間は植物を神様だと尊崇し、礼拝し、それに感謝の真心を捧ぐべきである。

われら人間はまずわが生命を全うするのが社会に生存する第一義で、すなわち生命あってこそ人間に生まれ来し意義を全うし得るのである。生命なければ全く意義がなく、つまり石ころと何の択ぶところがない。

その生命を繋いで、天命を終えるまで続かすにはまず第一に食物が必要だが、古来から人間がそれを必然的に要求するために植物から種々様々な食物が用意せられている。チョット街を歩いても分り、また山野を歩いても分るように、街には米屋、雑穀屋、八百屋、果物屋、漬物屋、乾物屋などが直ぐ見つかる。山野に出れば田と畠とが続き続いていろいろな食用植物が実に見渡す限り作られて地面を埋めている。その耕作地外ではなお食用となる野草があり、菌類があり木の実もあれば草の実もある。眼を転ずれば海には海草があり淡水には水草があって、皆わが生命を繫ぐ食物を供給している。

食物の外には更に紡績、製紙、製油、製薬等の諸原料、また建築材料、器具材料などがあって、吾人の衣食住に向かって限りない好資料を提供しているのである。そこで吾人はこれら無限の原料をよく有益に消化応用する事によって、いわゆる利用厚生の実を挙げ幸福を増進する事を得るのである。

長生の意義

人間のかく幸福ならんとする事はそれは人間の要求で、またその長く生きて天命を終える事は天賦である。この天賦とこの要求とがよく一致併行してこそ、そこにはじめて人間のこの世に生まれ出て来た真の意義がある。人間は何故に長く生きていなければならぬ？　また人間は何故に幸福を需《もと》むる事を切望する？　の最大目的は動物でも植物でもおよそ生きとし生けるものは皆敢て変わる事はない、畢竟人間はわが人間種類すなわちHomo sapiensの系統をこの地球の滅する極わみ、何処までも絶やさないようにこれを後世に伝える事と、また長く生きていなければ人間と生まれ来た責任を果す事が出来ないから、それである期間生きている必要があるのである。

世界に生まれ出たものただわれ一人のみならば別に何の問題も起らぬが、それが二人以上になるといわゆる優勝劣敗の天則に支配せられて、お互いに譲歩せねばならぬ問題が必然的に生じて来る。この譲歩を人間社会に最も必要なものとしてその精神に基づいて建てた鉄則が道徳と法律とであって、擅《ほしい》ままに跋扈《ばっこ》する優勝劣敗の自然力を調節し、強者を抑え弱者を助け、そこで過不及なく全人間の幸福を保証したものだ。これが今日人間社会の状態なのである。

ところがそこに沢山な人間がいるのであるからその中には他人はどうでもよい、自分独りよければそれで満足だと人の迷惑も思わず我利な行いをなし、人間社会の一人としては実に間違った考えをその通り実行するものがあって、社会の安寧秩序が何時も脅かされるので、そこで識者は色々な方法で人間を善に導き社会を善くしようと腐心している。今沢山な学校があって人の人たる道を教えていても、続々と不良な人間が後から後から出て来てひどく手を焼いている始末である。

植物と宗教

私は草木に愛を持つことによって人間愛を養うことが出来得ると確信して疑わぬのである。もしも私が日蓮ほどの偉《え》ら物《ぶつ》であったなら、きっと私は草木を本尊とする宗教を樹立して見せることが出来ると思っている。私は今草木を無駄に枯らすことをようしなくなった。また私は蟻一疋でも虫などを無駄に殺すことをようしなくなった。この慈悲的の心、すなわちその思い遣りの心を私は何んで養い得たか、私はわが愛する草木でこれを培うた。また私は草木の栄枯盛衰を観て人生なるものを解し得たと自信している。これ程までも草木は人間の心事に役立つものであるのに、なぜ世人はこの至宝に余り関心を払わないであろう？　私はこれを俗にいう「食わず嫌い」に帰したい、私は広く四方八方の世人に向うて、まあウソと思って一度味わって見て下さいと絶叫したい、私は決して嘘言は吐かぬ。どうかまずその肉の一臠《いちれん》を嘗《な》めて見て下さい。

皆の人に思い遣りの心があれば、世の中は実に美しいことであろう、相互に喧嘩も起らねば国と国との戦争も起るまい。この思い遣りの心、むずかしく言えば博愛心、慈悲心、相愛心があれば世の中は必ずや静謐で、その人々は確かに無上の幸福に浴せん事ゆめゆめ疑いあるべからず、世のいろいろの宗教はいろいろの道をたどりてこれを世人に説いているが、それを私は敢て理屈をいわずにただ感情に訴えて、これを草木で養いたいというのが私の宗教心でありまた私の理想である。私は諸処の講演に臨む時は機会ある毎に、何時もこの主意で学生等に訓話している。

また世人がなお草木に関心を持っていなければならない事は、これが国を富ます工業と大関係があるからである。日本の国は富まねばならぬ。今日世界の情勢を観、またわが国の現状を見つむる者は、わが国を富ます事は何より大急務である事を痛感するのであろう。わが国はこれから先ウント金が要る、国民はこのわが帝国を富ますことに大覚悟を持たねばならぬ。金は国力を張る一つの片腕である。人間無手の勇気ばかりでは国は持てぬ、独立も出来ぬ。一方に燃ゆるが如き愛国心と勇気、一方に山と積む金、この二つの一つを欠けば国が亡びる運命に遭遇する。そこでこの金を、工業を隆盛にして拵《こしら》える。その原料はこれを世界に需め、それを日本人の手によって製品化し、一つは吾人の生活を改善安定し一つはそれを世界の人間に供給して金を集むる。

その工業の原料の一切なる一つは植物であることは識者を俟《ま》って知るのではない。

その天産植物を利用するにその植物に関心を持ち、その知識のある人が多くなればなるほど効果が挙がり結果が良い訳だ。未知の原料は世界に多い。植物に知識あるものはそれを捜し出し易い。すなわち新原料が出て来るのである。一般の国民が植物に対して多少でも知識があればその新原料は続々と急速度に見つかることであろう。この点から見ても一般の国民にこの方面の知識を普及させておくのは真に国家のために必要である。私は世人にはじめは趣味を感ぜさせることから進んで次にその知識を得させ、そしてこのような国民を駆ってその有用原料を見つけるに血眼にならしめたい。学校で植物学を教えるにも先生はこんな道理をも織り込んで、他日必ずや日本帝国の中堅となるべき今日の寧馨児《ねいけいじ》を教育せられんことを国家のために切望する。右は止むに止まれぬ大和魂の迸《ほとばし》りである。

以上植物と人生の一斑を述べたから一まず茲《ここ》に筆を擱《お》く事にした。

酒屋に生まる

私は戌の年で今年七十九歳になるのですが、至って壮健で老人メクことが非常に嫌いですので、従って自分を翁だとか、叟だとか、または老だとか称したことは一度もありません。回顧すると私が土佐の国高岡郡の佐川町で生まれ呱々の声を揚げたのは文久二年の四月二十四日（戸籍には二十二日となっているがそれは誤り）であって、ここにはじめて娑婆《しゃば》の空気を吸いはじめたのである。

私の町には士《さむらい》が大分いたが、それは皆佐川の統治者深尾家の臣下であった。私の家は町人で商売は雑貨（土地では雑貨店を小間物屋と云った）と酒造とであったが、後には酒造業のみを営んでいた。

私が生まれて四歳の時に父が亡くなり、六歳の時に母が亡くなった。私は幼かったから父母の顔を覚えていない。そして私には兄弟もなく姉妹もなく、ただ私一人のみ生まれた。つまり孤児であったわけです。

生まれた時は大変に体が弱かったらしい。そして乳母が雇われていた。けれども酒屋の後継ぎ息子であったため、私の祖母が大変に大事にして私を育てた。祖父は両親より少しく後で私の七歳の時に亡くなった。

私の店の屋号は岸屋で、町内では旧家の一つでした。そして脇差をさす事を免《ゆる》されていた。私の幼い時の名は誠太郎であったが、後に富太郎となった。これが今日の名である。

ずっと後、私の二十六歳になった時、明治二十年に祖母が亡くなったので、私は全くの独りになって仕舞ったが、しかし店には番頭がおったので、酒屋の業務には差支えはなく、また従妹が一人いたので、これも家事を手伝い商売を続けていた。しかし私は余り店の方の面倒を見る事を好まなかった。

上組の御方御免

私の七歳位の時であったと思うが、私の町から四里ほど北の方の野老山《ところやま》という村で一揆が起った。それは異人（西洋人）が人間の脂を取ると迷信して土民が騒いだので、これを鎮撫するために県庁から役人が出張し、遂にその主魁者三人程を逮捕し、隣村の越知《おち》の今成《いまなり》河原で斬首に処したのであった。この日は何んでも非常に寒くて雪が降っていたが、私は見物に行く人の後について二里余りもある同処へ見に行った事を覚えている。

またそれから少し後の年であったが、私の町から四里余りも東の方にある高岡町に親類があって、そこへ連れられて行った事がある。この高岡の町から東南の方二里位も隔たりて新居《にい》の浜があり、私はそこへ連れて行って貰って生まれてはじめて海を見た。その浜へ打ち寄せる浪はかなり高く繰り返し繰り返しその浪頭が巻いて崩れ倒れる様を見て、私は浪が生きているもののように感じた。私の町は海から四里も距っているので、これ迄一向に海は知らなかったのです。私の十一歳頃の時であったでしょう、私ははじめて土居という師匠の寺子屋へ入門して字を習った。暫くするうちにこの寺子屋が廃せられたので、私は更に伊藤という先生の寺子屋に転じそこで習字と読書とを教わった。ここは士族の子弟ばかりであって町人は私と今一人いたぎりであった。そして士族の方が上組で町人の方が下組であった。昼食する時の挨拶が面白い。上組の士族の人々は「下組の人許してヨ」といった。これに対して下組の町人の方では「上組の御方御免」といった。この時分は明治六、七年頃であって、明治元年の維新の時を去る事まだ僅かであったため、士族と商人とは何んとなくその区別があったのである。廃刀令が出た後ではあったけれど、士族の人はなお脇差をさしていたものがあった。

小学校も嫌で退学

前に述べたように私の町には士族が多かったので、明治維新前の徳川時代に深尾家で建てた名教館《めいこうかん》という学校があって、儒学を教授していた傍ら算術なども教えていた。そして士族の子弟が皆この校へ入学していた。その教官には一廉《ひとかど》の学者が多く、中には有名な漢学者もいた。明治の年になって後、この学校が漢学の教授を廃し、これに換うるに主としていわゆる文明開化の諸学科を教える処と成り、いろいろ日進の学術を教授していた。その学科の中には窮理学（今の物理学）、地理学、天文学、経済学、人身生理学、西洋算術などがあった。私は寺子屋からこの校に移ってこんな学科を習ったのが、それが丁度十一、十二歳の頃であった。そうするうちに明治七年になってはじめて小学校が出来たのでそれに入学したが、それが私の十三歳の時であった。この時私は既に小学校以上の学力を持っていた。それは上の名教館で稽古したからであった。

この時の小学校は上等、下等と分れ各八級ずつあったから全部で十六級であった訳だ。何んでもこれを四年で卒業する仕組みになっていたようだが、私は下等一級を卒《お》わった時小学校が嫌になって自分で退校してしまった。

私のまだ在学している時、文部省で発行になった『博物図』が四枚学校へ来たので、私は非常に喜んでこれを学んだ。それは私は植物が好きであるので、この図を見ることが非常に面白かった。そして図中にある種々の植物を覚えた。図は皆着色画で、その第一面が植物学的の事柄で、葉形やら根やら花やらなどの事が出て、その第二面には種々の果実ならびに瓜の類が出ており、その第三面には穀類、豆類、根塊類が出て、その第四面には野菜の類、海藻類、菌類が出ていた。

私は植物の精である

私は生まれながらに草木が好きであった。故に好きになったという動機は別に何んにも無い。五、六歳時分から町の上の山へ行き、草木を相手に遊ぶのが一番楽しかった。どうも不思議なことには、私の宅では両親はもとより誰れ一人として草木の好きな人は無かったが、ただ私一人が生まれつき自然にそれが好きであった。それ故に私は幼い時から草木が一番の親友であったのである。後に私が植物の学問に身を入れて少しも飽く事を知らなかったのは、草木がこんなに好きであったからです。そして両親が早く亡くなり、むずかしくいって私に干渉する人が無かったので、私は自由自在の思う通りに植物学を独習し続けて、遂に今日に及んでいるのです。

もしも父が永く存命であったら、必然的に種々な点で干渉を受くるのみならず、きっと父の跡を襲《つ》いで酒屋の店の帳場に坐らされて、そこで老いたに違いなかったろうが、父が早くいなくなったのでその後は何んでも自分の思う通りに通って来たのである。今思うて見ると、私ほど他から何の干渉も受けずにわが意思のままにやって来た人はちょっと世間には少なかろうと思う。

上のように天性植物が好きであったから、その間どんな困難な事に出会ってもこれを排して愉快にその方面へ深く這入り這入りして来て敢て倦《う》む事を知らず、二六時中ただもう植物が楽しく、これに対していると他の事は何もかも忘れて夢中になるのであった。こんな有様ゆえ、時とすると自分はあるいは草木の精じゃないかと疑う程です。これから先も私の死ぬるまでも疑いなく私はこの一本道を脇目もふらず歩き通すでしょう。そうして遂にはわが愛人である草木と情死し心中を遂げる事になるのでしょう。

しかしまことに残念に感ずることは、私のような学風と、また私のような天才（自分にそう言うのはオカシイけれど）とは、私の死とともに消滅してふたたび同じ型の人を得る事は恐らく出来ないという事です。

人によると私のような人は百年に一人も出んかも知れんといってくれますが、しかし私はそんな人間かどうか自分には一向に分りませんが、人様からはよくそんな事を聞かされます。

『本草綱目啓蒙』に学ぶ

小学校におった時も、また同校を止めた後も前に書いたように元来植物が好きであったため、絶えずそれを楽しみにその名称を覚える事に苦心したが、何分にも郷里にこれを教えて貰う人が無かったので甚だ困った。それでも実地に研究していろいろとその名を知る事に努めたが、その時分私の町に西村尚貞という医者があって、その宅に小野蘭山の著わした『本草綱目啓蒙』の写本が数冊あったので大いに喜び、借り来ってそれを写して見たが写すに時間がとれ、且つそれが端本《はほん》であったため遂にその書の版本を買うことを思い立ち、町の文房具屋の主人に依頼してこれを大阪あたりから取寄せて貰った。暫くしてその書が到着したので鬼の首でも取ったように喜び、日夜その書を繙《ひもと》いてこれを翫読《がんどく》し自得して種々の植物を覚えた。それがために大分植物の知識が出来た。

しかし全く自修であるから、その間にいろいろの苦心もあった。実物を採って本と引き合わせ、本を読んでは実物と照り合わせそんな事が積り積りして知識が大分殖えて来た。隣りに越知（今は越知町）という村があってそこに有名な横倉山というのがあり、森林の鬱葱《うつそう》たる山で従って珍しい植物が多いので度々登って採集した。これは私には大変に思い出の深い山です。

この時分にある時、名の知れぬ一つの水草を採って来て水に浮かして置いたら、田舎から来ていた下女がこれを見てこれはビルムシロというものだと教えてくれた。そこでこの時分に買って持って居った『救荒本草』という書物にそれに似た草が出ていて眼子菜とあったので、これと引き合せてそのビルムシロが眼子菜である事を知った。またある時、ある草を採って来たらそれがムカゴニンジンであるという事が分かり、またある草がフタリシズカであるという事も分って嬉しかった。またある時に町の上の山に行き、そこに咲いているある草を見、その夜燈下で彼の『本草綱目啓蒙』を読んでいたら東風菜シラヤマギクというのが出ていた。どうもその形状が右の山で見た草と同じようだから、その翌日再び同処からその草を採って来て引合せたらピッタリ合っていたので、はじめてそれがシラヤマギクであった事が分った。いろいろな事を天然の教場で実地に繰り返しているうちに、段々と種々な植物を覚えて来たのであった。

人は能《よ》く（この頃ヨクという場合に能《よ》く良の字を書いて平気でいるが、ヨクは何《ど》んな場合も良の字でよいという訳のものではない位の事は、筆を持つ人は心得ていなければ人に笑われても怒る資格はない）希望に満ちた新年だという。ボクだってそうじゃないノ。希望の無い人間は動いていても死んでいらア。そんなら君の希望はどんなものかと聴かれたらまずザット次のようなものだと答えるネ。しかし是れはボクの希望の九牛の一毛である事だけは承知して貰いたい。どうも牧野もボツボツ松沢ものになりかけて来たようだ。

富士山の美容を整える

その希望の一つは何んであるかというと富士山の姿をもっと佳《よ》くする事だ。富士山を眺めると誰れでも眼に着くが東の横に一つの瘤《こぶ》があるだろう、あれはすなわち宝永山だ。人の顔にコブがあって醜いと同じことで、富士にもコブがあっては見っともよくない。元来あのコブの宝永山は昔は無かったものだが、今から二百三十年前の宝永四年にアンナ事になっちゃった。考えてみるとそのコブの出来る前はもっと富士の姿が佳かったに違いないが不幸にしてあんなものが出来たから悪くなった。

そこで私は富士山の容姿をもと通りに佳くするためにアノ宝永山を取り除いてやり

たいと思う。それは訳のない事で、もともと富士の側面の石礫岩塊が爆発のために下の方に噴かれ飛んでそれが積って宝永山のコブと成り、これと反対にその爆発口は窪んで大穴となっているからその宝永山を成している石礫岩塊をもと通りにその窪みの穴に搔き入れたらそれで宜しいのだ。そうすると跡方もなくコブも無くなり、同時にその窪みも無くなって、富士の姿が端然と佳くなるのである。姿の佳いのは姿の悪いのよりはよい位の事は誰れでも知っているでしょう。そうなりゃどんな人でも私のこの企てに異議はなく皆々原案賛成と来るでしょう。

近頃は美容術が盛んで方々に美容院が出来、女ばかりでなく随分男の人までもそこへ出入する時世だから、富士の山へも流行の美容術を施してやる思い遣りがあってもしかるべきだ。そして世人をアットいわせるのも面白いじゃないかね。やるならこの位の事をやって見せぬと大向こうがヤンヤと囃《はや》してハシャガナイ。右はとてもイイ案でしょう。

ところが、いよいよそれをやるとなると〇《レコ》がいる。もしも私が三井、岩崎の富を持っていたらそれを実現させてみせるけれど、悲しい哉《かな》、命なる哉、私はルンペン同様な素寒貧《すかんぴん》であれば、どうも幾らとつおいつ考えて見ても、とても一生のうちにそれを実行する事は思いも寄らない。仕方がないから、この良策は後の世の太っ腹な人に譲るとしよう。

もう一度大地震に逢いたい

次の希望、これは甚だ物騒な話であるが、私はもう一度彼の大正十二年九月一日にあったようなこの前の大地震に出逢って見たいと祈っている。

この地震の時は私は東京渋谷のわが家にいて、その揺っている間は八畳座敷の中央で（この日は暑かったので猿股一つの裸になって植物の標品を覧ていた）どんな具合に揺れるか知らんとそれを味わいつつ坐っていて、ただその仕舞際にチョット庭に出たら地震がすんだのでどうも呆気《あっけ》ない気がした。その震い方を味わいつつあった時、家のギシギシ動く騒がしさに気を取られそれを見ていたので、体に感じた肝腎要めの揺れ方がどうも今はっきり記憶していない。何をいえ地が四五寸もの間左右に急激に揺れたからその揺れ方を確《しっ》かと覚えていなければならん筈だのに、それを左程覚えていないのがとても残念でたまらない。

それ故もう一度アンナ地震に逢ってその揺れ加減を体験して見たいと思っているが、これは事によるとわが一生のうちにまた出逢わないとも限らないから、そう失望したもんでもあるまい。今頃は相模洋《なだ》の海底でポツポツその用意に取り掛っているのであろう。

富士山の大爆発

また富士山へもどるが、私はこの富士山がどうか一つ大爆発をやってくれないかと期待している次第だ。

誰れもが知ってるように、富士山は火山であって有史以前は時々爆発した事があった訳だが、有史後はそれがたまにあった位だ。今日では一向に静まり返ってウンともスンとも音がしないが、元来が火山であってみれば何時持ち前のカンシャクが突発しないと誰れがそれを請合えよう。しかし少し位のドドンでは興が薄いが、それが大爆発と来て多量の熔岩を山一面に流すとなれば、それはそれはとても壮観至極なものであろう。もし夜中に遠近からこれを望めば、その山全体に流れる熔岩のため闇に紅の富士山を浮き出させ、忽ち壮絶の奇景を現出するのであろう。

そこが見ものだ、それが見たいのだ、山下の民に被害の無い程度で上のような大爆発をやってくれぬものかと私は窃《ひそか》にそれを希望し、さくや姫にも祈願し、一生のうちに一度でもよいからそれが見えれば、私の往生は疑いもなく安楽至極で冥土の旅路も何んの障りもないであろう。

日比谷公園全体を温室にしたい

東京の日比谷公園全体を一大温室にして、中に熱帯地方のパーム類、タコノキ類、羊歯《しだ》類、蘭類、サボテン類などをはじめとして種々な草木を栽《う》え込んで、内部を熱帯地に擬《な》ぞらえ、中でバナナも稔ればパインアップルも稔り、マンゴー、パパ〔イ〕ヤ、茘枝《れいし》、竜眼など無論の事、コーヒー、丁字《ちょうじ》、胡椒、カカオなどの植物も盛んに繁茂して花が咲き実が実り、その他花の美麗な、また葉の美観な観賞草木を室内に充満する程栽え渡し、その植物間を自由に往来が出来るように路を通し、また大なる池を造り彼の有名な大玉蓮すなわちヴィクトリア、洋睡蓮、パピルスなどを養いて景致を添える。

処々にコーヒー店、休憩所、遊戯場などを設備し、また宴会場、集会所、演奏場などその他万般の設備を遺憾なく整え、中へ這入ればわが身はまるで熱帯地にいる気分を持つようにする。また動物は美麗な鳥、金魚のような魚、珍奇な爬虫類などを入れてもよいと思うが、動物は汚い臭い糞をひり出すのでその辺の注意が肝要である。何をいえわが帝都の真ん中へ類の無い一つの別世界を拵える事であれば、これは確かに東洋、特にわが日本の誇りの一つにもなろう。私は東京市が思い切ってこのような大々的規模のものを作らん事を希望するが、小っぽけな予算でさえ頭を悩ましている現代では、とても右のような計画は思いも寄らない事で、マー当分は問題にならん。

緑蔭鼎談

昭和二十三年八月一日、東京都文京区音羽町三丁目十九番地、光文社発行の雑誌「光《ひかり》」第四巻第七八号に「緑蔭鼎談」と題し、伊豆熱海の緑風閣で催された長谷川如是閑、志賀直哉並に天野《あまの》貞祐《ていゆう》三君の座談会記事が掲げてあった。そしてその中に「牧野富太郎縦横談」という次の一項があったのを見つけたので、すなわちここにそれを転載した。

長谷川　東京大学の先生など、どうだったですかね、これは講師だからちょっとちがうんだが牧野富太郎氏なんか変わってるね。

志賀　牧野という人は、ずいぶんの年ですね。

長谷川　八十九か九十かですね。このあいだ八十歳以上の人の写真を「アサヒ・グラフ」で出したとき、その説明に学士院会員と書いてあった。むろん本人はそうじゃないんです。そうしたら、わたしの所へハガキをよこして、学士院会員なんてべらぼうなものには頼まれてもならんといって、大いにふんがいしてきた。

志賀　あの人の文章はおもしろいですね。

長谷川　明治以来変らない。

志賀　このあいだ『植物図鑑』の序文を見ていたらどういう文句か前後は忘れたが、どうとかしてごろうじろなんて――。（笑声）

長谷川　土佐言葉だ。

志賀　ごろうじろなんて、久しく聞かない言葉だ。

長谷川　あの人のからだは不死身ですね。まだ夜の二時ごろまで原稿を書いている。

志賀　渋谷あたりに待合を開いたそうだね、あの人が。

長谷川　細君ですよ。

志賀　大学の先生でちょっと困るといって反対したら、食えないから仕方がない、といったという話がある。

長谷川　ある東京大学の教授とさいきん一緒に汽車で帰ったとき、その話をしていましたよ。奥さんが開いたはいいとして、その奥さんが学生を勧誘して連れて行くという。（笑声）

天野　植物学的なんでしょうね。徹底していますね。

志賀　『植物図鑑』という字引みたいな本、あれはなかなかいいですね。三色版で変な機械的なよくある図でなしに、みな真物《ほんもの》をうつしたんですからね。

長谷川　それも、何でもみな自分で書かないと承知しない。ところが、こんど出す『植物図鑑』は、もう高齢なので、今までのように自分でやらない。画家のいいのが見つかったとかいうことでしたが。

天野　そういうことをやるために、片方で待合もやらなければならんのでしょう。（笑声）とにかく、こういう人は、差支えないかぎり寛大にして、仕事をやってもらった方がいいですね。

牧野富太郎いう、右座談会での私に関する事柄はこれで終わっているが、しかし今ここに聊《いささ》か私が弁明しておかねばならん事がある。それは外でもないがこの待合は私自身が開業したものではなく、これは長谷川君のいわれた通り私の妻がやった事であって、その店は私とは世帯が別になっていた。故に私は待合の家には住まっていなかった。そしてこの事件は勿論今日の事ではなくて最早や今から二十七年も前の大正十年頃の出来事である。私の妻が事もあろうに何ゆえこんな恥も外聞も構わぬ大それた芸当をしたのかというと、それは当時私一家が貧乏のどん底に陥っていたので早く金を得て焦眉の急を救い、我が家の経済を立て直さんとするのが唯一の目的であって、それには待合が一番早く金を得るのに都合がよいとの事でこれを選んだわけだ。そして妻は素人ながらも待合業を経営するぐらいな天才的手腕は持合せていた。故に何の臆するところなく大胆にその業をはじめ、渋谷花柳界での荒木山に妻の姓〔別姓〕である「今村」の看板を掲げたのであったが、その後故あって廃業して仕舞い一場《いちじょう》の昔 譚《むかしばなし》を今日に残したその妻も今は疾《と》く亡き人の数に入った。

右待合を開いた時、私の窮状に非常に同情して下さったのは人情味豊かな大学理学部長の五島清太郎博士であった。なお且つ当時同大学のその他の人々も敢て私の事を問題にしていなかった。故に私の身辺は無事であって何等の心配もするには及ばなかった。

これは別の話だが、私が大学にいるうち私をよく理解してくれられし学長は、右の五島博士と箕作佳吉博士とであった。この両先生に対しては、今でも忘れず絶えず感謝の念を捧げている。私は曾《かつ》てカヤツリグサ科の一新種であったマツカサススキを、世界的学名の Scirpus Mitsukurianus Makino と命名して発表し、すなわち箕作先生へデジケートし、そして先生の名を永久に記念する事にして、何時かは先生の墓畔へ水瓶を埋めてこのマツカサススキを植え、先生の霊を慰めんと思いつつなお今にはたさずにいる。その時の用意として、今私の庭にはそれが栽《う》えてあって毎年よく花穂を出している。

土屋文明君の詠歌

ジャガイモを馬鈴薯とかく世をいきどおり
長生きしたもう君は尊し

「牧野先生を迎えて」

武蔵野原中なる清瀬病院内、清風会発行の「指向」第十八号五月号（昭和二十三年

五月三十日発行）誌上に登載しある「牧野富太郎先生を迎えて」の、清風会文化部、永江梅子、松本美保子、渡辺友次、沢田栄一四氏の編集記事は次の通りである。

花は黙っています。それだのに花は何故あんなに綺麗なのでしょう。何故あんなにも快く匂っているのでしょう。思いつかれた夕など窓辺に薫る一輪の百合の花をじっと抱きしめてやりたい様な思いにかられても、百合の花は黙っています。そして一寸も変らぬ清楚な姿で、ただじっと匂っているのです。

『植物記』の中にうかがわれるこの言葉、植物への限りない愛情――小学校中退後貧苦と戦いながらも、独学で植物分類の世界的権威となり、八十七歳の今日猶《なお》日夜研究にいそしまれる老科学者牧野富太郎先生、われわれは四月十八日当地の植物採集会に臨まれた先生からいろいろのお話を聴く機会を得たのである。

此《こ》の日壇上にのぼられた先生は杖がわりの粗末な竹竿を無雑作に壁にたてかけ椅子に腰かけて右手を耳のうしろへ、一語一語自身の言葉を確めるように話される。

牧野「ヤマブキは山吹と書きますが、万葉集では山振と書いてあります。これはヤマブキが山の麓などに沢山咲いていて風に揺ぐのを見てこう書いたのではないかと思います。支那では棣棠（テイトウ）と書きますが、花は八重でもとは日本からが渡ったものかと思います。山吹の種類には一重、八重白花、菊花、斑入《ふい》りのものがありまして、この中《うち》白花は奈良公園に咲いていたのを貰い来り、菊咲は本郷の弥生町に咲いて居ったのを見つけ、今私の家に植えてあります。山吹に似たものでは、同じイバラ科の白山吹、ケシ科の山吹草等があります、かの太田道灌と山吹の里の少女の物語に『七重八重花は咲けども山吹の実の一つだになきぞかなしき』という和歌があります。

ところでこれは一重と八重のどちらを歌ったものでしょうか。八重の山吹にはたしかに実ができません。それでこれは八重のものだと考えられます。一方一重には小さな実が出来ますが、この実は非常に小さく素人ではなかなかわかりにくいものです、故に山吹には実がないといいます。それでこの一重の山吹の繁く咲き重ったのを七重八重という風に形容したと考えることも出来るわけです。

さて私は八十七歳の今日まで元気に植物の研究をつづけて参りましたが、植物に親しきことは非常にええもんです（先生しきりにこのええもんですをつかわれる）。これには芝居や映画を見るのと違い一銭もかけずに楽しむことが出来ます。又私が今日このように元気なのも植物に親しみ採集などによく山野を歩いたためではないかと思います。植物に親しむことの第一は、先ず名前を正確に覚えるようにすることです。従来アジサイを紫陽花とかき、カキツバタを燕子花とかく人がありますが、これらはジャガイモを馬鈴薯とかくのと同じく皆誤りです。聞けば病院では俳句や和歌が非常に盛んだそうですが、植物と文学との関係はまことに深いものです。どうかこれを機会に植物への関心を深められ、植物を病養の慰めとして一日も早く恢復されんことを祈ります」

ここでお話を終り先生を囲んで質問に移る。

患者A「先生この病院のまわりにはどの位植物の種類がありますか」

牧野「さあ、五百種位ですかな」

患者B「この位なら病院中の植物をみんなとってきて教えていただき、名札でもくっつけるようにすればよかったなあ」

慰安室の畳の上にベタッと坐られた先生は今日の採集植物の中から一本一本手にとって説明して下さる。

牧野「これが翁草（オキナグサ）」

患者C「どうして翁草と云いますか」

先生耳が遠くて聞えないのでお嬢さんが通訳にあたられる。大きな声で「お父様この草はどうして翁草というのですかって」、先生耳に手をかざして聞いて居られ

たがようやくわかったらしくニコリとして、
牧野「ああ、それはこの花がすんで実が成熟すると私の髪の毛のように真白くなるんで」と白髪を引張って笑われる。一同笑声。

牧野「一本槍なんだが名前は千本槍」

牧野「これはサルトリイバラ、とげに猿が引かかります。根は山帰来という漢方薬ですが、併《し》かし本当のサンキライではありません。これが誰でも知っているナズナ（ペンペン草）この実が三味線のバチに似ているでしょう。『覚えていやがれ、そんな事をすりゃあ手前んとこの屋根にペンペン草を生やしてやるぞ』と、江戸ッ子は啖呵《たんか》を切るもんですが、実はペンペン草が屋根に生えることは殆どないのです。私ならばそんな時『何をペンペン草が屋根に生えるもんなら生やして見ろ』とやりかえしますがね」

先生の意気はなかなか盛んだ。

牧野「サワフタギ、これは沢の上に覆いかぶさるように茂るのでサワフタギ。ジュウニヒトエ、花が重っているので官女の十二単《ひとえ》に例えたもんです。

イチヤク草、昔から薬として此の一つの草があれば何にでも効くと考えたものです、故に一薬草です。

ハバマヤボクチ、葉裏の毛を火口《ほくち》につかったものです」

其の他、小楢《こなら》、クサボケ（シドミ）、ツリガネ草、スズメノヤリ、フデリンドウ、ニオイツボスミレ、ツボミスミレ、カガリビ草（クチナシ草）、タチフウロ、ミツバチグリ、キジムシロ、ウド、オミナエシ、カンゾウ等。

先生の博識はつきる所を知らない。時間もすでに四時近く先生の御都合もあるので会を閉じる。先生は一杯の茶を喫せられつつわれわれの「指向」を御覧になり、文化活動の盛んなことを非常に喜ばれてお帰りになる。植物に熱心な患者Dさん、外に出られた先生をつかまえて、玄関わきのドウダンツツジについて質問する。

患者D「先生ドウダンツツジの語原は何ですか」

牧野「これこのように枝の先が三ツ叉《また》に分れているでしょう。これを逆にすると昔使ったむすび燈台の三つの脚の恰好になるんです。それで燈台ツツジといったものがいつかドウダンツツジにかわったのです」

先生はつと手をのばしてこのツツジの小枝を実に器用にむしられる。その手先は荒れて黒いが、この手にまで植物の香がしみついているような感じになり、改めてこの老科学者の手を見つめる。先生は来年八十八の米寿を迎えられるが、お弟子さん達に私は八十八なんていうはんぱな数で祝って貰うのはいやだ、せめて九十になってからやって貰いたいといわれたそうで、食事なども肉を百匁位一度に召上るし、夜は二時三時まで研究をつづけられることもあるという。

「植物を愛することは、私にとって一つの宗教である」とまでいわれたあの牧野先生の温顔は、一つの仕事にすべてを捧げぬいた人間の完成した姿として、われわれの胸に深くきざみつけられたのであった。

海を渡る日本人の頭脳

学術資料としてアメリカの大学に献納を予約

平和によみがえった太平洋の波濤を越えて牧野博士の頭脳が学術資料としてはるばるアメリカ・コーネル大学に送られ、総司令部経済科学局でもこれを援助すると言う新生文化日本にふさわしい快適なニュースがある。

わが国植物学界の権威として知られている元帝大講師理学博士牧野富太郎氏は今板橋区東大泉五五七のこんもり茂った森にある研究室で八十五歳の高齢も吹きとべといった元気さで植物の研究を続けている、土佐に生れ若い時から酒も飲まず、煙草もすわず小学校を半途退学で独学力行、今日を築いた人だ、この人の頭脳なら立派なものだろうとアメリカに永年滞在し民間外交官とまでいわれる谷邨一佐氏は一九三七年ニューヨーク・コーネル大学教授パペーズ博士の依頼により牧野博士の頭脳を推奨し、同氏を訪問して快だくを得たものである、コーネル大学には世界各国人の優秀な頭脳が一堂に集められているが、日本人の脳だけがないので博士の頭脳がここに予約されたのだ、八十五歳といえばこたつにでも入り隠居生活をしているのが世間の常識だが、博士は溢れる元気で夜は午前一時から二時頃まで、時に徹夜までして一生の事業たる植物の着色、図説に没頭している、食料難のこのごろ果して健康が保たれるかと家人の心を痛めさせているくらいだ、この博士の頭脳なればこそ各国優秀人の頭脳に伍して恥じぬものである、ただ脳の輸送は短時間が必要なので空輸しなければならない。

お役にたてば

右について牧野富太郎氏は語る。

私のような者の頭脳でも世界学界のため多少なりお役に立つ事になれば願ってもない喜びです。谷邨さんからお話があったので喜んでお引受した次第です。

ある日の閑談

時　早春のある日、外にはまだ冷たい風が吹き、薄玻璃《うすはり》のような空に白雲が流れている。

所　牧野博士邸の椽側、日はうららかに射し込んでいるが、かなりうすら寒い。

人　牧野博士（A）と編輯小僧（B）。

B「(卓上の花瓶を指して）先生、ニシキマンサクが咲きましたね。原稿を戴きに使いに出した女の人が先生から託されたと云ってこの花を持って来たとき、火の気のない寒い部屋に飾って春を待ったことをおぼえています。いかにも春の先触れといったような花で匂いも高いので、玻璃越しに空の晴れた日は、何かしら春の幻想に浸ることができました」

A「そうだ、まだ空襲の烈しい頃でしたね」

B「あとで終戦になった年の早春――そう、ちょうど今頃でした。先生が自費で出された『混混録』の第二二号がなかなか出ないと云って困ってらしたので、その頃同じ所に勤務していた三浦逸雄《はやお》（イタリア文学研究家・詩人）と私とが相談して、場合によったら私たちでお引受けして出そうというので先生にもこのことを申し上げましたね」

A「そう、そう。それが終戦後、君が鎌倉書房に入って長谷川さんの好意で更めて第一号から出ることになったのですよ」

B「御罹災なさらなくて国家のために何よりでした」

A「ありがとう。幸いに平和に還った今日、天与のこの恩恵を活かして学問のために余生を剰《あま》すところなく捧げるつもりです」

B「終戦後、学問の自由が恢復して、日本もいよいよこれからですね」

A「しかし、それにつけてもこれから学問をする人には、よほどしっかりしてもらわにゃ困る。学者がこんな無自覚では国が持てぬ。あいも変らずジャガイモを馬鈴薯と云っているようではね」

B「お説によると、植物漢字名の謬《あやま》りは夥しいようですね」

A「そうです。サクラの桜、カシの橿、キノコの茸、スゲの菅、スミレの菫、フジの藤、クスノキの楠、シキミの樒、ケヤキの欅、ススキの薄、スギの杉、カヤの萱、アズサの梓、ヨモギの蓬、ハジの櫨、カエデの楓、ツキの槻、フキの蕗、ヒノキの檜など、数えればきりがないくらい誤用が多いですね。これにはどうしても改訓の漢和字典が必要です。誤りとも知らずに用いているのは日本文化の恥辱だ、だいいち青年を誤るものですよ」

B「ひとつ、植物漢字典を作っていただけませんか」

A「それはぜひやりたいのですが……。しかし、そういう間違いだけでなく、絵などでももう少し植物の知識が欲しいですね。どうも間違いが多い。画伯連中などもだいぶ間違った木や草を描いていますよ。……その点、森鷗外さんは感心でしたね。植物名について手紙でお尋ねを受けたことがあります」

B「今の学者ではどなたにいちばん注目しておられますか」

A「新村出《しんむらいずる》さんとか柳田国男さんのお仕事には敬意を表しております」

B「新村先生、柳田先生と云えば牧野先生も植物名の方言を採集しておいでですね」

A「ええ、だいぶ集めました。この方の整理もしておきたいと思うのですが……。それにつけても時間の経つのが惜しくてたまらん。余命はだんだん短くなるのに、あれもやりたい、これもやりたい。やり遂げにゃならん事が山とある」

B「それだけ長生きをなされればいいですよ。先生があの線の細かくこみいった精巧な図版をお描きになると聞いたら、たいていの人は驚きます。それに、御勉強ぶりは私たち若い者でもかないません。夜の二時三時に御就寝なさるというのですものね。この分だと、百歳はわけなくお生きになるでしょう」

A「百までは生きたいですね」

B「それはそうとして、この『混混録』は第百号まではどうしても続けましょう」

A「そりゃ愉快だ、ぜひそうしましょう（笑）」

B「それにしても、おいしいものを召し上ってますます若返っていただかなくてはなりません」

A「数年前岩で滑り背骨を強打したのがもとで、寒いと少々神経痛に悩まされるぐらいのもので、体はこのとおり健康です。若い時から山野に交わったせいですね」

森戸文部大臣へ進呈せる書翰

馬鈴薯訂正の件につき、私は先日次の書面を森戸〔辰男〕文部大臣宛に文部省に郵送しておいたが、大臣が私の進言に理あるものとして幸いに嘉納せられるか、但しは馬耳東風と聞き流しそれを黙殺せらるるかもとより予想は出来ないが、それは馬鈴薯の字面の出ている文部省編纂教科書、すなわち学生に読ませつつある教科書中馬鈴薯字面の非を認めて、断然その馬鈴薯の字面を仮名と交替せしめて取り除く事を、教育のため、且つまた誤謬を覚え込む児童の不幸を救わんがため要請したものである。それだから私は刮目してその成り行きの注視を怠らないであろう。もしも文部省がその分りきった当然の間違いを改めるに誠意なく、依然としてそれをそのままに捨ておくなれば、私は止むなく更に鉾を磨くより外致し方はないと感ずる。しかし文部省は文教の府だけに済々たる学者の淵藪《えんそう》でもあれば、必ず理のある我輩の言に耳を傾ける事がないでもなかろう事を期待している。

書面の文

謹啓、文部省編纂の教科書にジャガイモを馬鈴薯と書いてある事を伝聞し頗る遺憾に思っています。元来ジャガイモに馬鈴薯の名を適用する事は極めて非で決して当を得たものではありません。別包小包便で御手許へ進呈いたしました拙著『牧野植物随筆』を御覧下されて、それが正しくないという事に御同意下さるならば、教科書の馬鈴薯の字面を仮名でジャガイモと御改訂あられん事を日本教育のために希望致します次第であります。

昭和二十二年九月六日

牧野富太郎

森戸文部大臣御中

その後間もなく同大臣から極めて御丁寧な御返書を頂きました。そして馬鈴薯の出ている教科書の抜き書きまでも御送り下さいまして、その細心な御注意をも感謝しています次第であります。

謹んで広く世間に告げる

牧野植物混混録

右の混混録は著者多年蘊蓄せる植物の知識と、著者の新研究に依て得た知識とを綜合しあたかも泉の混混として湧き出ずるが如く、平易なる文章、簡明なる文章、趣味饒《おお》き文章を以て綴り、且つ図を入れ、以て博く世に紹介せんとする著者の個人雑誌である。幸いに世間の諸君子特別に好意的購読を賜われば著者並に発行者の悦び且つ光栄これに過ぐるものはない。殊に発行者北隆館は赤字の出ずるのを強いて我慢し、学問のためまた著者のために義侠的にその出版を快諾し敢行する勇気を示してくれていれば、切に御同情下されん事を悃願《こんがん》致します次第です。

本誌は従来鎌倉書房の主人長谷川映太郎君の好意に因て発行し来りしが、不幸にして戦争のためその出版が頓挫し、ために暫らく休刊を続けしが、今回前記の通り北隆館がこれを継承し再び発足する事となったのである。

昭和二十七年一月二十日

著者　牧野富太郎

敢て苦言を呈す

今日の時世は雑誌の一冊を作るにも、その労力、時間、用紙、印刷、並に費用など実に容易な事ではありません。そして今この雑誌を進呈するにしても、その誌代、包装、郵税などは毎号の事とてなかなかその負担が軽くないのです。今までの例に依れば、中にはその寄贈を受けても取りっぱなしで、ハガキ一本の礼状をも送り来ない人があったのはまことに苦々しい次第だ。御互いに特に交情相許す仲なればそれはまた格別であれど、右の行動に実に不愉快を感ぜずには居られません。この様に礼儀を無視して顧みない御方には、不得止《やむをえず》本誌の進呈好意を見合わすより外ありませんから、その辺何卒悪しからず御諒察を願いおきます。

昭和二十七年一月二十日

著者　牧野富太郎

私は毎日何をしているのか

諸君が御承知の通り、私は植物分類学（Systematic Botany）が専門で、毎日夜その方面の勉強を続け、断えず植物と相撲をとっていて敢て厭きる事を覚えないばかりでなく、これが私の生まれつき一番な嗜好で、この上もない趣味を感ずる研究なんです。もしも植物が無かったなら私はどれほど淋しい事か、またどれほど失望するかと時々そう思います。植物は春夏秋冬わが周囲にあってこれに取り巻かれているから、いくら研究しても後から後からと新事実が発見せられ、こんな愉快な事はないのです。

平素見馴れている普通の植物でも、更にこれを注意深く観察していきますと、これまでまだ一向に書物にも出ていないような新事実、それは疑いもなく充分学界へ貢献するにも足る新事実が見つかります。

一つ例を挙げてみると、通常人家に植えてあるアノ南天は誰れでも知っている極く普通の植物であるから、最早や別に新しい事実はありはしないと誰れでもそう思うだろうが、それは全く皮相の見で古くからの書物にも載っていない新事実を、この南天に見つけ得るのです。これは私が今ここで御話をする以外には何んの書物にも書いてありません。

まず第一に南天の幹に互生に着いている葉柄の腋《えき》には、必ず一つずつの芽すなわち腋芽《えきが》を持っています。葉腋に芽を持つという事は植物体には普通の事なので何にも珍しくいうには足らないけれど、南天の芽に至っては長い年数の間一向に枯死せずに生命を保っている事実がある。南天の葉はおよそ三年位幹について生き繋っているが、それが本《もと》の方から段々上の方に向かって新陳代謝的に枯れていき、その幹はただ梢の方にのみ生きた葉が拡がり繋っていて、それ以下の幹の大部分には葉が既に謝落して幹は一本立ちになっている。この生活している葉の腋にはもとよりだが、なお枯れた葉の旧い葉腋にもまた前述の通りみな芽を持っていて、何年立っても枯れずに幹にピッタリと平たく接着して生命を保ちつつ残っている、故に南天の幹には本の方から梢の方に至るまで生きながらえている新旧の芽がある訳です。幹を見るとその古い部には無論葉はないけれど、芽だけはチャンと残り、表面は黒ずんで目立たぬけれど、内部は依然として生気、すなわち生命を保っている。一朝南天の幹が切られるかあるいは折れるかすると、その切り口、折れ口より下方にある芽のどれかが芽を吹いて葉を出し、新枝となるのである。これは近縁なヒラギナンテン（Mahonia Japonica DC.）でも同じ事です。試みに南天の幹を伐《き》って見ると、必ずその切口の下の方にある用意の芽から、時こそ来れと新しく芽出《めだ》って来るのを見受ける。このように南天は他に比する事の出来ないような心強い多くの芽を用意している事は面白い事実であるというべきだ。

次にはまた南天に地下茎を有し、それで繁殖する事実も従来の書物には一切書いてない。この地下茎は南天の株から四方に出で、長いものはおよそ四尺ばかりの距離に達する。そしてその末端から地上に茎と葉とを出して新たな株を作る。それが後にその地下茎が枯死して朽腐《きゅうふ》すれば、ここに独立した南天の株となる。この地下茎は痩せ、長い円柱形で黄色を呈しており、低い節があってその節から鬚根《ひげね》が輪生している。南天の株本を踏み堅めると、なかなか地下茎が伸び出ないが軟らな土質だとよくそれが発生する。そして南天が繁殖するのである。すなわち南天は勿論果実でも繁殖するが、また地下茎すなわち地中枝でも繁殖する二様の繁殖法を持っていることが知られる。

上に書いたように、南天の幹には新旧多くの腋芽を持っておる事と地下茎を有している事とは、前にも述べたように、これまでの多くの書物には書いてない新事実で、これは全く私の新発見であると自慢してもよかろう。知れきった普通の南天でも綿密に注意し観察すれば、従来まだ学界に知られていないこのような新事実が見つかるから、科学するには何んでも細心綿密な観察が必要である事はいうまでもない。

南天は日本と支那との原産灌木で、支那名は南天燭、一名は南天竹である。日本名となっているナンテンすなわち南天はこの支那名から導かれたものだ。南天はわが国の暖国には山林地に自生がある。学名は Nandina domestica Thunb. で、そのナンテイナは南天に基づいた名、ドメスチカは人家の庭に植え養われてあるからいう。ヘビノボラズ科に属し一属一種である〔現在はメギ科に分類される〕。南天には園芸的の品種が多く、すなわちキンシナンテン、イカダナンテン、ササバナンテンなどをはじめとし、およそ二十品位もあるであろう。

南燭というのはツツジ科のシャシャンボすなわち Vaccinium bracteatum Thunb. で、支那ではその葉汁で色の淡黒いいわゆる烏飯を作ることがある。日本の本草学者はこの南燭を南天だと勘違いし、従ってその飯をナンテンメシと誤り呼んでいる一人の学者があるが、それは『本草綱目啓蒙』の著者小野蘭山であった。ナンテンの葉は有毒であるから、従って南天飯を食えば多分中毒するのであろう。

植物方言の蒐集

私は今から二十八年程前の大正九年頃から、わが日本各地の植物方言を蒐《あつ》めているのだが、今日でもなおその手を緩めてはいなく、従って得れば従って録しておく事を怠らなく、一つでも沢山にその数の増加せん事を庶幾《しょき》している。そして今私の手許に勒《ろく》せられているその方言が既に相当な多数に上りノートブック十冊位の分量に達しているが、これは皆私自身と他から親切にも報告してくれた協力者との結晶である。私は早晩それを一書に編成する事を期し、延《ひい》てはこれを印刷に附しいささか斯界に貢献したいと願念している。

今日わが植物界の人々は何故か余り植物の方言には重きをおいていないように感ずる。何んとなればその方面に努力している熱心家を見受けないからである、がしかし、この植物方言の調査研究は決して放漫に附してはならない程重要なものである。これは民衆が植物の実物について実際に呼んでいる名であるのだから、その点から観ても民衆がそれに注意を向けてそれだけ知識を働かせている証拠になる。故に方言が沢山にあればあるほどその国の民俗文化の度が進んでおり且つ開けている幟印《はたじるし》であるといえる。すなわち人々がそれだけ注意力、思考力を使用しているからである。そしてその智能の結果から生まれ出たこの方言を死滅させ葬り去らせて顧みぬ事は国の文運として許されない事で、強いてこれを等閑視するのは取りも直さず民衆思想の趨向《すうこう》を殺すものというべきだ。つまりかくの如く必要に応じて自然に生まれ来た正しい事柄は、何時までもこれを生かし且つ育て上ぐべき義務を常に吾人は荷うている筈でないか。

子供などのいう方言にはその意味に頗る興味を帯びるものがあり、従って子供の頭に閃めくその知識も察知せられる。例えばスベリビユをヨッパライグサというが如きまことに面白く、それは子供がその茎をしごき、漸次に赤色を呈せしめてこれを酔漢に擬し酔ッパライ草と呼んで遊ぶの類である。

また現にその方言があったため古来不明な植物が明らかとなり重要な発見として世に浮かび出たものにアズサがある。すなわちこの方言があったためアズサの真物がはじめて判かり、同時に梓をアズサとしていた旧来の誤りが是正せられた。このアズサはわが本草家達が誤り呼んでいるアカメガシワでは決してなく、それはカバノキ属のヨグソミネバリであった。昔この樹で弓を作り信州飛州から朝廷に貢したものだ。梓は日本にはない支那特産の樹木でキササゲ属に属し、トウキササゲ（私の命名）と呼ぶものである。もしもアズサの方言がなかったならばこの問題は遂に解けずに終わったのであろう。そしてこれを証明決定したのは故白井光太郎博士の功績であった。

かの『古今集』の歌の「深山《みやま》には霰降《あられふ》るらし外山《とやま》なるまさきのかづら色づきにけり」にあるマサキノカズラも、今日八丈島等に昔ながらのその方言が残っていたればこそそれがテイカカズラである事が判った。それ迄はこのマサキノカズラをツルマサキだと間違えていた。このツルマサキには敢て紅葉は出来ぬが、テイカカズラには濃赤色の紅葉がその緑葉間に交り生ずる。

このように植物の方言は大分大切な役割りをもっているので、決してそれを忽諸《こつしょ》に附してはならない。これには苟くもわが日本に存するその方言を残らず採集してそれを網羅整頓し、ここにこれを一書に纏《まと》めて僉載《せんさい》し、須《すべか》らく植物方言全集を完成して刊行すべき事を私は強調する。回顧すれば今から何年か前に一時方言熱が勃興し、花火の如く次々にその書物が発行せられたが、のち端なくも依然としてその熱が冷却し、すなわち寂寞たる運命を辿《たど》る世となったのはまことに残念である。

第三部　父の素顔

牧野鶴代

黒紋付の羽織

昔、父が若い頃は、少しは財産もあったものですから、身なりなども整えていたらしいのです。けれども、だんだん生活が苦しくなってからは、床屋さんへも参りませず、髪は延ばしほうだい。着物なども、木綿の黒紋付の羽織を着ておりましたこともあり、それがいつしか羊羹色になってしまっているのを私はよく覚えております。また、出掛けるにも和服に深ゴム靴を履きまして珍妙なかっこうでとことこ出掛けていくのです。これは、私の小さい折の想い出ですが、研究中というものは、一切身なり服装にもかまわず、専心的にやっておりました。ほんとうに、父の研究時代というものは、特殊な、おもしろい格好をしておりました。中折れ帽子を被り、冬は二重回しを着ていくのです。まことに珍無類の格好をして歩いていました。

でも若き日はなかなか、ちゃんとしていたらしく、話はあれこれになりますけれども、明治のはじめにちょんまげから断髪令がでました頃、その郷里で父が先端を切って、まっ先に髪を切り、モダンに分けたのだそうです。あのへんぴな山奥ではザンギリの創始者らしいのです。

スズメバチの大群

何か父が一つのことをはじめると、そこへ雷が落ちようが、何がこようが、ぜんぜん無我夢中で……、やりとげる人でした……それはつい最近寝込むまででしたけれども。ひとつの事に熱中してしまうのです。ですから、はたでどんな事があってもまた、騒がしくても耳に入らないのだそうです。

よく夜分、遅い時にお茶など持って父の部屋へ参りますと、父はびっくりするのです。それは仕事に熱中しておりますから「お茶を差し上げましょう」というと、びっくりして飛び上がる、そのくらい無我の境地に入っているんです。ですからそういうふうに熱中して失敗した事といえば、植物の標本をつくるのに夢中になっておりまして、標本の重しの石と一緒に縁からおちてしまい、足にひどいケガをし、今でもひどい傷跡があります。その時骨が見えていたのを、私、子供心に覚えています。

そして、母があわててお医者を呼んできて、幾針か縫っているところを見ましたが、父は非常にがまん強い人で、痛いなどとは申しません。おそらくこういうがまん強い人は、ちょっと少ないのではないかと思いますが、大抵の人なら当然痛いという時でも痛いといわないのです。

そうしたがまん強さというものは、大したものですから、こういう大業をやり遂げる事ができたのだと思います。

他にもまだこういう話があります。大分県の山へ採集に行きまして、スズメバチという蜂に刺されたそうですが、蜂の大群の中へ進んで行ってしまって、みるみる蜂の沢山な群れが押し寄せたそうです。帽子やら、ドーランやらで追ったそうですけれども、頭といわず顔といわず、手といわず、十ヵ所ばかり一ぺんに刺されて、その晩は、さすがにがまん強い父も眠れなかったそうです。そしてその時もじっと痛さをこらえて痛いとか苦しいとかいわなかったという非常にがまん強い人なのです。

それからまた若い頃の話に、土佐の横倉山という山に登った時、昔のことですから麻裏ぞうりを履いて着物で登ったのだそうです。それで四日間、とにかくはじめから終わりまで雨が降り通し、とうとう野宿して、からだ中、雨にずぶぬれになって採集したそうです。何でもその時山の中で目もくらむようなすごい雷に出会ったそうですが、それが十七、八歳くらいの時で、その中をたった一人で四日間かかってその山を越え次の山に行ったのでしたが、その時採集した植物の中には、相当新発見のものがあったそうです。

よくよく芯が丈夫なのでしょう。とにかく雨にぬれて、四日間も植物を採集していたんですから、弱い体でしたら病気になってしまったでしょうと思います。

剪定バサミを探して

それから父は非常に小さい時から冒険好きでございまして、人が危いというところでも、自分が征服してしまわなければ気が済まないのでございます。たとえば採集に行きましても、崖がぐらぐらして危いといって誰も近寄らないところへでも上るのです。それもそのまっ先までいかないと気が済まないのです。その時の写真を撮ったのがありますが、絶壁の突端に登って、会員の方たちも非常にはらはらしたそうです。

それからこういうおもしろい話もございます。父は、自分の持っているものに対する愛着が非常に強い人で、ペンとかハサミ、それから植物を掘ります根掘りなど、自分の使っているものに対する愛着は大変なものです。六十五、六歳の頃だと思いますが、湘南方面に採集に行った事がありました。その時剪定《せんてい》バサミと根掘りを持っていったんですが夜遅く帰ってきて押葉をしようとしましたら、剪定バサミと根掘りを落してきた事に気がついたのです。確かに鎌倉より先の山で、名前は忘れましたが、そこで自分が植物をとって、ハサミで切ったのを覚えていたらしいのです。どうしてもその晩ハサミを置いてきた事が、気になって、気になって仕方がないのです。そこで夜明けが待ちきれず、暗いうちに起きて、また汽車に乗って、自分が採集したところを探して歩き、ハサミを見つけて持って帰ってきたのです。こういうふうに、非常に自分の持っていたものに愛着を感じるのです。そういうところが、ちょっと普通の人にはまねのできないような、変わったところがあります。

年の瀬の引越し

父は昔から、今ここにある五十万点の標本を持っています。それにネダの抜けるほどの書籍を集めておりましたので、小さい家に住むことができないのです。大学で助手などをしております時は、わずかな給料のことでございますから、とてもそれではお小さい家でさえなかなか生活が困難なのに、持物が多いので――大きな家に住んでおりましたのを覚えています。ある時など大きな蔵のある家を借りたのです。そして、その蔵に棚をつくって標本を入れ、父の部屋は三部屋も四部屋も本で埋めなくては入り切れませんから、そういう大きな家へ入ったのです。何しろ無計算で入るから、家賃が払えなくなって、早速大家さんから追い立てられるのです。その頃、原稿などを書いているのですけれども、わずかな収入でございますし、家族は多うございましたので、追いつきません。それで毎年十二月の大晦日《おおみそか》になりますと、小石川中、引越して歩いたものです。そうして、次の家を探す時には、また大きな家を探す、どうしても敷金を払わなければならないから、借金して入る、そしてまた追われる……私どもの子どもの頃は大へんでした。

根岸の里の松岡家の離れに住んでから転々と引越して歩いて、この大泉の家まで前後十八回引越しを致しました。

中には蔵のない家もございます。そういう時には部屋という部屋、全部植物標品を積んでしまって、私どもの子供の頃は、標品と標品の間に入って寝た事がございます。

なかなかおもしろい生活をして参りました。父はいつも夜明しで勉強しておりました。そういう時代に勉強し、研究したという事が、今これだけのことを残したという事になるのでございますけれども、ほんとうに父は朝から晩まで、自分の書斎で勉強していているか、押葉をやりまして、顕微鏡で研究しているか、実によく勉励努力していました。

豊かなユーモア

　先に書きましたような調子で長いこと生活をして参りましたから、だんだん借金がかさんで行きまして、遂にどうすることもできなくなったのです。その時今の大阪朝日新聞社が非常に気の毒だということで、記事にお書きになったのです。その時池長〔孟〕さんが借金を返して下さったのです。ところが父は義理がたい人で、借金を返していただいただけじゃ申訳ないから、池長さんのところへ、その金が返せるまで標本を持って行きましょうという事になったのです。そうすると池長さんが、それじゃこれを整理して立派なものにしましょうという約束になり、毎月父が神戸の方へ半分行きまして整理する事になっていたのですが、生活がだんだん苦しくなってそれもできなくなってしまいました。その後こちらで標品館をこしらえるという話になって、池長さんがまたこちらへ返して下さいました。

　しかしどんなに苦しいことがありましても、どんな貧乏暮しの中にありましても、常におもしろい事をいって、みんなを笑わせるのです。もともと父は、ユーモラスな性格の人なのです。

ことに、採集に参りましても、会員の方たちをおもしろい事をいって笑わせるのです。それがまた父独得のおもしろさがあるのです。これはその実際を知っている方でないとわからないのですが、実に楽しく採集しておりました。

また採集に行く時は、朝早くから起きまして、ちょうど子供が遠足にでも行くようにうれしそうで、夜明けの空を眺めたりして、いそいそと出かけて参ります。あの姿は今でも忘れられません。あのドーランを持って植物採集に行くという事は、父の唯一の楽しみだったようです。

すき焼が大好物

家庭のことは一切無頓着ですけれども、非常に子ぼんのうなのです。やたらに、抱いたりしませんでしたが、非常に子どもはかわいがるのです。ですけれども、あの頃は研究中ですから、よそのお父さんのように今日はどこそこへ、つれていくとか、きょうは、動物園へつれていってやるとか、そういう事は全くございませんでした。とにかく、非常に苦しい生活でしたから、父の気持にもゆとりもないし、研究中でもあり、そういう事ができなかったのです。しかし、子供が病気だなどというときの、父の真剣な顔は、今でも忘れられません。

私たちの兄弟姉妹は、今では大分亡くなりまして、六人になりましたが、私たちが育つ子どもの頃は、十人以上おりましたから、とにかくそれはそれは、にぎやかでした。御飯の時などは大へんでございます。一番小さいのから食べはじめまして、大きいのがしまうまで、まるで戦争のようなさわぎでした。父は牛肉のすき焼が大好物です。やはり、牛肉をいただいていたせいで、こんなに長生きをしたのではないかと思います。それからトマトです。これはまだ日本人がこんなに食べない頃、今から約四十年も五十年も前から、沢山いただきました。それに西洋酢をかけまして、よくすき焼のあとで食べておりました。トマトは九十五歳の今日まで、今でも毎日三度三度いただいています。余程好きなのでございましょう。

それから書き落しましたが、父は非常にコーヒー、紅茶が好きであったという事です。どんなに貧乏な時でも、もう戦争中どころじゃなく、何十年も前から、あのコーヒーをちゃんと豆のまま買ってきまして、うちでもう一回いりまして、こうばしくして、自分でひき、そのコーヒーを入れて飲むのをとても楽しみにしておりました。この間までは少しずつ上げましたが、先頃急性腎臓炎になりましてから、刺戟物は上げられなくなりました。けれども、健康の時分は朝御飯を済ませて、一刻縁側で外など眺めながら必ずコーヒーをいただいたものです。

時計の分解

父はまたどなたにでも同じように接し、非常に来客を喜びました。お客様がお帰りになるのに困るくらい、それからそれへ、と話し出し、その話が枝から枝と飛び、実に縦横無尽に植物のお話をするのです。お客様は、お帰りになるのに、どこで席を立って良いかわからないくらいでした。

もうお客様がいらっしゃると、はじめから終わりまで植物の話一筋です。また実に、父の植物の話はおもしろいのです。だから皆さんおもしろく聞いてお帰りになっておりました。

それからまた、父は小さい時から非常に研究心が強くて、子供のころに、まだ日本へ時計というものが入ったばかりの珍しい頃、祖母にせがんで、時計を買わしたそうです。明治のはじめの頃ですから、その時計を買うには大へんだったらしいのですが、それを買ってもらうと、全部自分で分解しまして、またすぐすっかり自分で組み立てたそうです。そういうふうに、何でも一応、中を研究してみなければ気が済まない人です。それは、自分でもよく申しておりました。

それからこれは有名な話ですけれども、土佐で音楽をどうしてもみんなにやらせなくてはいけないというので、父が二十歳から二十四、五歳くらいの時だそうですが、外国からオルガンを買取りまして、自分が独学で音楽を勉強して、とにかく音楽会をこしらえ、自らタクトを握って、土佐に音楽を広めたそうです。

勿論その後音楽は止めました。やはり音楽よりは植物のほうが好きだったのでしょう。音楽は、音楽専門になさる方に譲りまして、オルガンは土佐の学校に寄附し、自分は、また、植物に専心したのだそうです。

昔の頃ですから村の人達はオルガンを見て、牧野の家にはタンスのようなものから、声が出るというので、近所の村から見物にきたりして大へん有名になったそうです。

今もこのオルガンは土佐にあるそうで、どうしてもそれをさがさなくてはならないという話を音楽家の外山国彦さんも申されておりました。

それからまた、理学会をこしらえて、村の人たちに、大いに科学を勉強させようと、皆さんに学問をすすめました。若い時から父は啓蒙心に富んでいたとでも申すのでしょうか。

それから、父は非常に研究心が強い人でして、小さい頃から一体に植物学だけではなく、天文、地質、昆虫等々そのような事が何でも好きなのです。ですから、今でも、家の本の中には、天文学の本から、地質学の本など、それからまたその他いろいろの方面の書籍を相当集めておりまして、何でも一通りは確かめなかったら気が済まないようでした。

普段父は、なかなか昔話はしないほうです。まあ小さい時は割合とからだが弱かったのだそうです。それに父が五歳頃のときに両親ともになくなりまして、旧家の跡継ですから、祖母が大へん大事に育てましして昔のことですから、お灸をすえたら丈夫になるだろうという事で、小さい時にはよくお灸をすえられたのだそうです。ところが父はそのお灸が大嫌いなのです。いまだに嫌いなのです。

そのころ酒倉の大男が二人も三人も来まして、からだを押えつけてお灸をすえられた、「その痛いこと、痛いこと」、よく御飯のあとなどに話しました。また、「もうお灸は閉口閉口」と申しておりますが、よほど痛かった思い出がある様子です。そのお灸の跡が今でも残っておりますが、よほど大きなお灸をすえられたらしく大きな跡がございます。でも自分でも、あのお灸で丈夫になったのではないかという事を申しております。

標本作りの苦労

昔、植物の標本を作る時は、それはそれは大へんでした。たいてい夜明しいたしました。とにかくやりはじめたら、何でもいいかげんでごまかすのが大きらいで徹底的にやらないと、気が済まないようでした。

父が採集した植物をすっかり台紙に貼りまして、科に分けて、名前を書いたり、それから産地やら、何やらいろいろと書き入れまして、きちんと分類するわけです。それから、植物を採集するといっても、とにかく完全なものを採集するのです。いいかげんに、ちょいちょい、採集するという事は、大きらいなのです。ですから、奥山深くふみわけ、なおかつ、危険をおかしても、完全な植物をとって、その植物の代表的な姿をみきわめなければ気が済まないという、父の性格でした。

とにかく、植物をとって帰って参りますと、その晩、しおれないうちに、すぐそれを、標本にこしらえるのです。ですから大抵、採集に行きましたその晩は、徹夜でございました。よく体が続いたものでございます。それを私たちが止めるようになったのは、八十歳になってからです。でも、その以前は、止めても、とてもとてもきいれませんでした。八十五歳くらいまでは徹夜してやりました。またその植物の整理をはじめたら、すごい勢いで、まず根をすっかり水で洗うのですが、それが若い人もかなわないような勢いでやるのです。もうあの熱心さというものは、誰もまねができませんでした。必ず採集したものは、どんな時でもその日のうちに整理しておりました。ほんとうに父は植物が好きであり、不断の情熱を持っていたのです。

父は、ほとんど日本中採集して歩きました。北は北海道、南は台湾にも行きました。行かなかったのは千島、樺太くらいなものでしょう。台湾へ行ったのは明治二十何年ごろという昔のことで、ピストルを持って出かけたそうです。台湾に出かけた話は録音をとってあります。あの頃台湾へ行くということは大へんなことだったようです。今でこそ何でもないですけれども、まだ蛮人のいる頃で、なかなか大変な旅行でした。

まあ日本の山という山は、ほとんど歩いておりますでしょう。七十九歳までというものはほとんど夏中は、山に登っておりまして、家におりましたことがございませんでした。山から山へと採集し、生《なま》の植物をどんどんこちらに、こうり〔行李〕に入れて送ってきますから、真夏に毎日毎日紙のとりかえをしたり大へんでした。次から次へ、全部押葉しましてすぐ荷造りし私共のところへ送ってきて、また次の山に行くのです。それには、おそらく父も徹夜でやりましたのだろうと思いますけれど、私たちも大へんでした。夏中炎天下で紙を干しましてとりかえをするのですから。その上雨の降った時などは、七輪にがんがん炭をおこして、鉄の棒を渡し、おせんべ屋さんのようにして乾かしたものでした。今は乾燥器などがございますけれど、昔は大へんでした。

カビがきますと、父はちゃんと全部アルコールですっすっすっと筆で、丹念に洗うのです。父の標本作りは、丹念なもので、また上手なのです。ぱっぱっぱっとやって、そうして眺めては形をきれいに直していました。それはそれは父の標本をつくっている姿は、今でも目につきますが、あざやかなものです、絵心がありますから、あしてみたり、こうしてみたりして、標本にいたしました。ですから父のつくったものはみんなきれいにできておりました。

献上桜

父が満洲〔現・中国東北部〕まで採集に参りましたのは、昭和十六年八十歳の時でした。吉林《きつりん》の山ザクラが、非常に種類が多く、しかも美しいので、満鉄から父にぜひきて研究してもらいたいと招待があったからです。

どうしてそういう話になったかといいますと、満鉄でこの吉林の山ザクラを陛下にお贈りしたのです。これを陛下が非常にお気に召しまして、ぜひ研究するようにというお話があったので、満鉄では、それでは牧野先生にこれを研究してもらって、陛下のほうに御報告しようという事になり、父が八十歳のとき吉林まで出掛けて参ることになったのです。

父も非常に喜びまして、それまで不幸にして海外に出られない不遇の境遇だったものですから、八十歳にしてはじめて海を越えて行ったわけです。大連《だいれん》に行ってから、気候が変っているので植物も多少日本と違うものですから、見るもの、見るものそれはとても喜んで、まるでその植物に飛びつくようでした。私もあの時一緒に行ったのですけれども、ほんとうにあの姿は今でも忘れられません。

ちょうどあの時は、今考えてみますと、前の年に九州の山で岩石の上に落ちまして、背骨を折り、大分県で三ヵ月も動けなかったその翌年だから、からだがまだ十分でなかったのです。その時は普通のうち身だと思っておったのです。それで満洲にも出掛けて行ったのですけれども、最近こんなに長く寝込んでから、主治医の先生が今度はあまり寝込み方がひどいというのでレントゲンをとりましたら、九州の山で落ちた時、背骨二ヵ所折っていたのです。それが自然治癒していましたが、普通でしたら、即死だそうです。その時も痛いということを言いませんものですから、つい私共も気がつかなくて満洲まで出掛けて行ったのです。

吉林でもほとんど昼間は採集して、徹夜で押葉をつくり、大きなこうりに幾つも標本をこしらえて持って帰り、今も標品館に入れてあります。

この吉林の老爺嶺の山ザクラを研究に行く前の晩も、チブスの予防注射のために四十度からの熱があったのです。でも明日の朝行かなければ、サクラが散ってしまうといって、四十度の熱を押して行ったのです。

あの時はいろいろ名前をつけましたが、特に陛下のお気に入った満鉄からお贈りになったサクラには、献上桜という名前をつけたのです。これが一番いい名前でございます。この満洲では植物の形にいろいろ変化がありまして、父の最後の遠出の採集としては、非常に興味深い旅行でございました。戦後には、陛下と吹上御苑を御一緒にお歩き申して、道々植物のお話を申し上げたのですけれども、これも大変な喜びようでございました。

採集会のことなど

採集に行きましても、最近私がついて行くようになりましてからは、時間通りになるべく家に連れて帰って来るようにしたのですけれども、元気な時は、うちの者がついてくるとじゃまになるというので、一人で参りました。

まっ暗になるまで採集していたそうです。採集に行きましても、会員の皆さんを、おどけて笑わせたり、とても茶目をするのです。ある時採集して行きますと猿の小屋があったのだそうです。そうすると、父がその猿の小屋に入って、猿のまねしてみんなを笑わせたりして楽しい会にするように、無邪気な努力をする人なのです。

採集の会は、全国の学校の先生方がお願いにいらっしゃるのです。そういうわけですから、ほとんどの標本は諸所を指導しながら採集した植物でございます。もう実にその指導の仕方が懇切丁寧で、何べん人様がきいても、植物に関する限りいやな顔をしないのです。

それにこれは父に接した方ならよくわかりますけれども、昔からどんなに機嫌の悪い時でも、先生の機嫌を直すには、まずめずらしい植物を持って行くと、必ずよくなるといって笑ったものですが、どんな時でも植物を目の前に持っていくと、途端に御機嫌がよくなるのだそうです。それはよくうちに来た方々が話しておられました。

父の植物学というものは、自分一人で楽しんだり、研究したりするというのではなくて、一般の方にもそれを普及させる事を考えておりました。ですから人様のどんな植物を見ても、ともに楽しみ、自分一人で楽しむという事はありませんでした。

疎開

それから疎開した時のおもしろい話がございます。戦争がたけなわになりまして、毎日毎日この大泉辺は爆弾が落ちたのです。もう大泉はほとんど毎日爆弾の落とされない日はないくらい、ひどく爆弾に見舞われました。

そういうわけですから毎晩毎晩まっ暗な防空壕に父を連れていかなければなりません。あまりこのへんに爆弾が落ちるものですから、こんなことで爆弾にやられてしまっても仕方がないと思いまして、早く安全な山の中に父を疎開させたいと思い、そのことをいろいろ薦めたのですが、何としてもきかないのです。「わしは、標本と書籍と心中してしまうんだ」「ここで一緒に死ぬのだから、疎開することはない」と、何としてもきかないのです。これには私も困ってしまいました。

そういって、毎晩毎晩防空壕へ入っていたものですから冷えてしまい、父は生まれて初めてひどい神経痛になってしまいまして、動けなくなったのです。その動けない父を、毎日防空壕に入れなくてはならないから大へんなものでございました。仕方がございませんからちょうど東大の分室が山梨県の韮崎《にらさき》の山の中に疎開するというお話がありましたので、そちらへお願いをして、それでやっと書斎にある一番大事な必要品、それだけを疎開先に持って行かれるようにしてはじめて疎開を納得させたのです。

そのあとは私がぼつぼつ荷物を運びましょうというわけで、まあ空襲中に、父が向うへ行っても困らないだけの書籍を荷車二台、大学のお荷物の中に一緒に入れていただく事にいたしました。

承諾するまでには、とうとう爆弾が家の門のところに落ちてしまいました。それでやっと父もはじめて疎開する気持になったようでした。「もうこんな事をしていたら命がなくなってしまうから、ここで命を捨ててしまっては仕方がない、何とか山の中に行きましょう」と連れて行ったわけです。韮崎の北巨摩郡穂坂村宮久保というところの横森さんという、昔村長をしていらした方――篠遠喜人《しのとおよしと》さんの奥様の御親戚にあたる方が蚕をつくっていらっしゃった蔵に疎開したのです。そうして蔵の中に書籍と標本をいっぱい積み重ね、そのまん中にリンゴ箱を二つ並べ小さいまど辺《べ》にすわって、父は毎日毎日書き物をしていたのでした。

それで私どもははじめてほっとしたのですけれども、しかし私は一日おき、ないしは二日おきに、大泉からいろいろの残ったものを、ぼつぼつそこへ運ばなければなりませんから中央線をずいぶん行ったり来たり空襲中をこわい思いをしました。

父が何としても頑張って動かないのを、やっと疎開させるようにしたのが五月でした。八月には終戦になりましたが、そんなに早く終戦になると思いませんから、随分恐ろしい思いをしました。

とにかくまあ、疎開いたしまして父は一生懸命、毎日毎日書き物をしておりました。そのうちに疎開先で、あのころは食べものがなく、じゃがいもばかりでしたから、だんだん父が栄養失調になってしまいまして、体中むくみがきておったので非常に心配していたのですが、ちょうど幸いに終戦になりましたので、父は非常に喜びまして、早速こちらへ帰ってきたいというのですが、終戦後世間もだいぶ不安定でしたので危ないといって、十月まで疎開先にいてもらい、十月二十日すぎにこちらへ帰って参りました。しかしそれまでは父のからだが非常に弱っておりましたから心配して、馬車で山を降りまして、やっと大泉へたどりついたのです。ところがその、うれしさのあまり、大泉の駅を降りますと、うちまで父がさっさと先頭を切って帰って参りました。そうして、わが家へ帰りましたところが、お蔭様で戦災にも会わず、昔のままでありましたものですから、父は途端にからだがよくなりまして、「植物一日一題」という題でもって、毎日毎日大泉へ帰って来たその日から原稿を書きはじめたのです。

徹　夜

父は実にさばけた人なのです。お客様がいらしても話は縦横で、話題が尽きるということがないのです。よく私など、ああ次から次へと話題があると思うのですが、たとえばここへ一つの植物を持ってきたとします。そうすると、さあこれについて一日話しても話が尽きないというふうなのです。実に——自分の親でありながらおかしいのですけれど、今ここでこうして寝かしておくことは惜しいんです。

でも、もう年にはかないません。とても話がおもしろいので、父を知っていて下さった方は、今寝てだまっていることは淋しいのです。

父も九十歳の頃はとても丈夫だったのです。まだ九十歳の頃は採集にも行きましたし、九十三歳まで徹夜もいたしました。病気で倒れてから、こういうふうになったのですが、九十三歳までは、大抵夜寝るのは二時か三時ごろです。

私たち父の体が心配になって仕方がないものですから、いろいろ夜遅いと健康に悪いという事を、私が本で読んで聞かせるのです。そうすると、両手で耳を押えて、もうタコができた、タコができた、お休みなさいといいに来たんだろう、というのです。あまりうるさくいいますと、しまいには怒りまして、寝かすのにほんとうに困ったものです。ある時は安全器を切って停電だといって寝かせましたり、もう苦心惨憺したものです。そんなに夜遅くまで起きていると脳溢血になり、脳の血管が破れて大へんですよ、といっても、「わしはこの通り、そんな弱虫じゃないよ」といって寝ないのです。毎晩毎晩あの手この手と考えて、寝かせる算段をしたのですけれどもだめでした。

大抵床に入るのは、毎晩二時、三時でした。それで、とてもからだが弱りまして、九十三の年でしたかに、ストーブをたいているのですけれども、背中が寒い、背中が寒いといいますので、私、電気ざぶとんを買いまして、父の背中に入れて上げたのです。そうすると「ぬくい、ぬくい」といって仕事をしておりましたのですけど……、とうとう病床についてしまいました。

病床の父

こんなに長く病床につくということを虫が知らせたのか、床につく前の一、二年間というものは非常にあせりまして、あれもしとかなきゃならない、これもしとかなきゃならないと、一刻の時間も惜しみました。側で見ていてほんとうに気の毒なくらいでした。

夜は二時、三時までやり、朝、夜が明けるのが、とてもうれしかったそうです。やっぱり虫が知らせたんでしょうか。

昔の写真などもいつの間にか一枚一枚画用紙に貼りまして、自分でちゃんと日付を入れきれいに整理してありましたし、それからまた自分の書いた図なども全部紙に貼り整理してありました。

常にはどちらかといいますと、父の部屋は本でいっぱいで、とても私たちがちょっと入っていったんでは、どこに何があるのかわからないのですが、それを実にきちんと揃えておりました。たくさんの書物が散らかっているように見えますが、どこに何があるか本人はちゃんと覚えているのです。こうして寝ておりましても、どこの本棚の何段目の何冊目に何々があるからとってこいと、それはもう記憶がいいのです。

もう二年間寝ついておりますけれども、ときどき昔の方がたずねて下さいまして、その記憶力のいいのに、びっくりしてしまうのです。あなたとは何年頃に、どこでお目にかかって、どこで採集して、そこにはどういうものがあったといって、実によく記憶しております。

それから父のような人は珍しいと思いますが、寝てからというものは、さぞや心の中では、いらいらと焦燥を感じているだろうと思いますが、それを外の者に当たりちらしたり、かんしゃくを起したりなどしないのです。おとなしくして、逆にこちらのほうが気の毒になってしまいます。そしてくのです。主治医の方々や私たちの申します事を何でもよくきくのです。そしてそ起きられるのはいつだろうかと、二年も寝ているんですから、さきぞじれるだろうと思うんですけれども、文句というものを一言もいわないのです。これにはほんとうに感心してしまいます。もう何か人間離れのした感じになっていまです。主治医を信頼し、よくそのいう事を聞きまして、自分のからだをゆだねるのです。見ていて涙ぐましいところがございます。それに、ここが痛いからさすってくれとか、こうしてくれとか、というだだをこねないのです。ですから附添いの看護婦なども、父があまりおとなしい患者なので、みな涙をこぼしております。非常にがまん強い人です。

また病床についてからは、かえって頭がさえて参りまして、昔のことの断片的な細かい事までよく覚えておりまして、ときどきみんなを驚かせるのです。私どもは、何とかしてもう一度この病の床から起して上げたいと思うのですけれども、何せ年でございますからなかなか起きるところまで参りませんのが残念でございます。

もともと父は、芯の強い人なのだと思うのですが、私、父が怪我をした事は何回も知っておりますが、病気をして寝たという事は見たことがありませんでした。怪我では前にも書きましたが、九州で背骨を二ヵ所折って、三ヵ月も、動けなかった事や、その前に関西へ採集に行きまして、足を怪我して、骨が大分傷ついておりましたが、それでも痛いという事をいわないで、くすりをつけたり、しっぷしたりしておりましたが、今でも足のそこに骨が少し出っ張っております。

母はよく父の事を、山へ採集に行って怪我をして、きっと、どこかでなくなってしまうのじゃないかと、心配したくらいでした。そういうことで命を取られるほどの怪我をしているのですが、僥倖《ぎょうこう》に助かって、今日まで長生きしたわけでございます。

天性の植物好き

写生図は、自分でも父はいっておりますけれども、植物学をやって自分でこれだけ描けるということに、相当の自信を持っております。父はもう何と申しましょうか、植物の精とでもいうふうに私など考えることがあります。こうして病床に寝ておりましても、頭に浮かんでくることは、全部植物の事なのでしょうか、父はこの頃よく夢を見るのだそうですが、それはほとんど植物を採集している夢をみたり、山へ登りきれいな花の咲いている夢、また珍しいものを発見する夢を見て、翌朝よくそういう事を申します。

今でも時々お客様がめずらしい植物を持っていらっしゃると、たちまち目がらんらんと輝くのです。いつもお医者が申されるのですけれど、「先生が植物を眺める時は目の色が変って、それは実にきれいでらんらんとして病人のような目の色ではない」と申されます。ですから、私たちは前にも書きましたように、父は植物の精ではないのだろうかと思うほどなのです。

郷里、土佐の方へ帰ったのは、確か昭和十年前だったと思います。父が土佐へ送りましたサクラの苗がちょうど大きくなっていまして、花が咲いておりました。そこの山では毎年花見があるそうですが、父が短冊を下げたりした話もあるのですが、非常にサクラが好きなのです。

よく、日本にはサクラが少ない。もっとたくさん植えて、サクラの国にしなければならない、といっております。そして飛行機の上から四月頃みると、下は全部サクラでもって埋まっているというくらいに植えなければいけない。けちくさく、そこいらにちょぼちょぼ、ここらへちょぼちょぼ植えておくのでは、サクラの国とはいえない。自分がもしそういう立場だったら徹底的にサクラの木を植えるなどと、今でもいっております。

それにカキツバタも大変好きなのです。池にたくさんのカキツバタを植えて、外人が来てもなるほどと思うように、美しくしたいということをよくいっております。とにかく小規模なことが嫌いなんです。

それから父は非常に火山が好きでして、熊本の阿蘇山が噴火している時、そばまで見に行きましたし、桜島の噴火なども見に行ったそうですが、火山は今でも好きなのです。

牧野博士の創定した新属植物

Physaliastrum Makino（イガホオズキ属）
Tubocapsicum Makino（ハダカホオズキ属）
Apodicarpum Makino（エキサイゼリ属）
Otherodendron Makino（モクレイシ属）
Microlespedeza Makino（ヤハズソウ属）
Mitrastemon Makino（ヤッコソウ属）
Semiaquilegia Makino（ヒメウズ属）
Cardiocrinum Makino（ウバユリ属）
Chimonobambusa Makino（カンチク属）
Hakonechloa Makino（ウラハグサ属）
Pseudosasa Makino（ヤダケ属）
Semiarundinaria Makino（ナリヒラダケ属）
Shibataea Makino（オカメザサ属）
Sinobambusa Makino（トウチク属）
Drymotaenium Makino（クラガリシダ属）

などがある。

なお、他の分類学者が新種植物に命名する場合に、牧野博士の名誉のためにマキノの名をつけた植物も多い。それらに、

Ajuga makinoi Nakai（エンシュウニシキソウ）
Anogramme makinoi Christ.（カラクサシダ）
Cyperus makinoi Nakai（オニガヤツリ）
Diplazium makinoi Yabe（シマクルマシダ）
Eragrostis makinoi Hack.（ヒメスズメガヤ）
Epilobium makinoense Lev.（マキノアカバナ）
Euphorbia makinoi Hayata（コバノニシキソウ）
Euphrasis makinoi Takeda（トサノコゴメグサ）
Gentiana makinoi Kusnez（オヤマリンドウ）
Hypericum makinoi Lev.（アゼオトギリ）
Platanthera makinoi Yabe（シロウマチドリ）
Polygonum makinoi Nakai（オオネバリタデ）
Polypodium makinoi C. Chr.（イワヤナギシダ）
Salix makinoana Seem.（マキノヤナギ）

Trichomanes Makinoi C. Chr.　（コケホラゴケ）
Sedum makinoi Maxim.　（マルバマンネングサ）
Viola makinoi Boiss.　（マキノスミレ）
Waltheria makinoi Hayata　（ヒメコバンノキ）
などがある。

〔編集部註〕「牧野博士の創定した新属植物」のうち、モクレイシ属は Microtropis、ヤハズソウ属は Kummerowia が現在では一般的である。また、「外の分類学者が……マキノの名をつけた植物」として挙げられているものにも、当時と現在で学名や和名が異なっているものがある。異同が判明しているものを記すと、現在では、エンシュウニシキソウはタチキランソウの名が、オニガヤツリは Cyperus pilosus が、トサノコゴメグサはトサコゴメグサ、その学名は Euphrasia insignis var. makinoi が使われている。また、アゼオトギリは Hypericum oliganthum、シロウマチドリは Platanthera hyperborea、オオネバリタデは Persicaria makinoi、イワヤナギシダは Loxogramme salicifolia Makino、コケホラゴケは Crepidomanes latealatum、マキノスミレは Viola violacea Makino var. makinoi が使われている。なお、カラクサシダ、オヤマリンドウ、マルバマンネングサは学名・和名ともに当時のままであるが、他については調べがつかなかった。

牧野博士の代表的著作

『日本植物志図篇』第一巻、第一―十一集（自費出版、一八八八―九一年）
『大日本植物志』一―四集（東京帝国大学、一九〇〇―〇一年）
『日本羊歯植物図譜』（敬業社、一九〇一年）
『日本禾本莎草植物図譜』（敬業社、一九〇一年）
『日本植物考察』（版元不明、一九〇一―一三年）
『新撰日本植物図説』（敬業社、一八九九―一九〇二年）
『日本植物乾腊標本目録』（根本莞爾と共著、一九一四年、版元不明）
『日本植物総覧』（根本莞爾と共著、日本植物総覧刊行会、一九二五年）
『科属検索日本植物誌』（田中貢一と共著、大日本図書、一九二八年）
『牧野日本植物図鑑』（北隆館、一九四〇年）
『日本植物調査報知』全三巻（敬業社、一八九九―一九〇〇年）
『繇条書屋植物雑識』（敬業社、一八九一―九七年）
『植物学講義』全七巻（中興館、一九一三―一四年）
『植物記載学』（中興館、刊行年不明）
『植物乾腊標本並整理貯蔵法』（中興館、刊行年不明）

『日本の竹類』（島津製作所、刊行年不明）
『日本植物図鑑』（北隆館、一九二五年）
『植物採集及標本調製法』（岩波書店、刊行年不明）
『随筆草木誌』（南光社、一九三六年）
『趣味の草木志』（啓文社、刊行年不明）
『趣味の植物採集』（三省堂、一九三五年）
『原色野外植物図譜』全四巻（誠文堂、一九三三年）
『原色野外植物図譜　学生版』（誠文堂、刊行年不明）
『原色野外植物図譜　増訂改版』全二巻（誠文堂、刊行年不明）
『原色野外植物図譜　学生版増訂改版』（誠文堂、刊行年不明）
『牧野植物学全集』全六巻附録一巻（誠文堂、一九三四—三六年）
『雑草三百種』（厚生閣、刊行年不明）
『ハナショウブの話』（文友堂、刊行年不明）
『秋の七草の話』（文友堂、一九三二年）
『菊の話』（文友堂、一九三七年）
『雑草の研究と其利用』（入江弥太郎と共著、白水社、一九一九年）
『植物学講話』（和田邦男と共著、啓文社、一九三二年）

『日本高山植物図譜』全二巻（三好学と共著、成美堂、刊行年不明）
『増訂草木図説』全四巻（飯沼慾斎著／牧野富太郎増訂、成美堂、一九〇七―一三年）
『訂正増補　日本植物総覧』（根本莞爾と共著、春陽堂、一九三一年）
『植物学名辞典』（清水藤太郎と共著、和田書店、一九五三年）
『植物記』（桜井書店、一九四三年）
『続植物記』（桜井書店、一九四四年）
『日本植物図鑑　学生版』（北隆館、一九四九年）
『図説普通植物検索表』（千代田出版社、一九五〇年）
『原色少年植物図鑑』（北隆館、一九五三年）
『牧野植物随筆』（鎌倉書房、一九四七年。現在は講談社学術文庫に収録）

牧野富太郎博士年譜

年号	数え年	事項
文久 二年（一八六二）	一	四月二十四日、土佐国高岡郡佐川村西町組一〇一番屋敷に生まる。父は佐平、母は久寿、幼名誠太郎。
慶応 元年（一八六五）	四	父佐平死亡。
〃 三年（一八六七）	六	母久寿病死。
明治 元年（一八六八）	七	祖父小左衛門死亡、富太郎と改名。
〃 五年（一八七二）	一一	佐川村西谷土居謙護の寺子屋に入り、後に同村目細谷伊藤蘭林塾に学ぶ。この頃から植物の採集観察をはじめる。
〃 六年（一八七三）	一二	藩校名教館に学ぶ。
〃 七年（一八七四）	一三	佐川村に小学校開校され下等一級に入学、文部省編の博物図を学ぶ。

明治 九年（一八七六）	一五	この年いつとはなしに小学校退学。
〃 十年（一八七七）	一六	佐川小学校の教師になる。
〃 十二年（一八七九）	一八	佐川小学校教師退職、高知市に出て弘田正郎の五松学舎に学ぶ。 永沼小一郎と知友になり、共に植物学を研究。コレラ流行のため佐川村に帰る。
〃 十四年（一八八一）	二〇	四月、東京に開催の「第二回内国勧業博覧会」見物を兼ね、顕微鏡、参考書購入のため上京。 文部省博物局に田中芳男、小野職愨両氏を訪ね知遇を受ける。 五月、日光に採集。 六月、箱根、伊吹山等を採集して帰郷。
〃 十七年（一八八四）	二三	七月、二度目の上京、理科大学植物学教室に出入して教授矢田部良吉及び助手松村任三と識り合う。『日本植物志』の編著の志を抱き始める。

明治 二十年（一八八七）	二六	この年から明治二十三年までの間、東京と郷里佐川村の間を時々往復。佐川小学校にオルガンを寄贈し、自ら有志に弾奏法を教える。高知県内及び四国各地を採集して歩く。二月十五日市川延次郎、染谷徳五郎と共に「植物学雑誌」を創刊。
〃二十一年（一八八八）	二七	五月、祖母浪子死亡。石版印刷屋太田義二の工場に通って石版印刷術を習得。十一月十二日、『日本植物志図篇』第一巻第一集を出版。
〃二十二年（一八八九）	二八	一月、「植物学雑誌」第三巻二十三号に日本ではじめてヤマトグサに学名を付す。
〃二十三年（一八九〇）	二九	五月十一日、東京府下小岩村で、ムジナモを発見。小沢寿衛子と結婚。矢田部教授より教室出入を禁止され、露都へ亡命を企図。
〃二十四年（一八九一）	三〇	二月十六日、マキシモヴィッチ博士が死去したので、露都行きの夢は破れ、駒場農大の一室で研究に専心。

明治二十五年（一八九二）	三一	十月九日、『日本植物志図篇』第十一集を出版。 十二月、郷里の家財整理のため帰省。 郷里にあって横倉山、石槌山その他各地を採集して歩く。 九月、高知県南西部（幡多郡）へ採集に赴く。 高知市で「高知西洋音楽会」を主宰して活躍。
〃二十六年（一八九三）	三二	一月、長女園子東京にて死亡、上京。 東京帝国大学理科大学助手を拝命、月俸は十五円。
〃二十九年（一八九六）	三五	十月、岩手県須川岳で植物採集を行う。 十月、台湾に植物採集のため出張を命ぜらる。 台北、新竹附近にて一ヵ月間採集。旧知小藤文次郎博士と出会う。 十二月、台湾より帰朝。
〃三十二年（一八九九）	三八	『新撰日本植物図説』を刊行。
〃三十三年（一九〇〇）	三九	二月二十五日、『大日本植物志』第一集を発行。

明治三十四年（一九〇一）	四〇	二月二十日、『日本禾本莎草植物図譜』第一巻第一号を出版。（敬業社） 五月十五日、『日本羊歯植物図譜』第一巻第一号を出版。（敬業社）
〃三十五年（一九〇二）	四一	東京でソメイヨシノの苗木を買って、郷里佐川へ送り移植。
〃　四十年（一九〇七）	四六	八月、九州阿蘇山に採集に赴く。
〃四十三年（一九一〇）	四九	八月、愛知県伊良湖岬で、採集しての帰途に、名古屋の旅館で喀血。
〃四十五年（一九一二）	五一	一月、東京帝国大学理科大学講師となる。
大正　二年（一九一三）	五二	四月、高知県佐川町の郷里に帰る。 『植物学講義』刊行開始。（中興館） 『増訂草木図説』四巻を完成。（成美堂）
〃　五年（一九一六）	五五	池長孟氏の好意によって経済的危機を脱し、神戸に池長植物研究所を作って標本約三十万点をおく。

大正　八年（一九一九）	五八	「植物研究雑誌」を創刊。 八月、岡山県新見町方面へ採集に赴く。 北海道産オオヤマザクラ苗百本を上野公園に寄贈。 六月、「植物研究雑誌」の主筆を退く。 八月二十五日、『雑草の研究と其利用』（入江弥太郎と共著）を出版。（白水社）
〃　九年（一九二〇）	五九	七月、吉野山に採集に赴く。
〃　十一年（一九二二）	六一	七月、日光で成蹊高等女学校職員生徒に植物採集の指導をして、校長中村春二と識り合い、色々と支援を受ける。 十二月、内務省栄養研究所事務取扱を嘱託される。
〃　十二年（一九二三）	六二	三月、願い出て、栄養研究所嘱託を辞める。 八月五日、『植物の採集と標品の製作整理』を出版。（中興館） 九月一日、関東大震災に遭う。
〃　十四年（一九二五）	六四	九月十日、『日本植物総覧』初版を発行。（日本植物総覧刊行会）

大正　十五年（一九二六）	六五	十月十八日、広島文理科大学で講義。 十一月三日、大分県因尾村井の内で調査。 十二月、東京府下北豊島郡大泉町上土支田五五七に住居を新築して移る。
昭和　二年（一九二七）	六六	四月十六日、理学博士の学位を授けられる。 八月、秋田県宮川村附近を採集して歩く。 九月、盛岡市で岩手県小学校教員に植物学を講義。また青森県下を採集して歩く。 十二月二十三日、札幌でのマキシモヴィッチ生誕百年記念式典に出席して講演。その帰途仙台でスエコザサを発見採集。
〃　三年（一九二八）	六七	二月二十三日、寿衛子夫人歿す、享年五十五。 三月一日、『科属検索日本植物誌』（田中貢一と共著）を出版。（大日本図書） 七月より栃木、新潟、兵庫、岩手等十一県を採集旅行して、十一月に帰京。

昭和 四年（一九二九）	六八	九月、早池峰山に登山採集。
〃 五年（一九三〇）	六九	八月、鳥海山に登山採集。
〃 六年（一九三一）	七〇	四月十一日、東京で自動車事故に遭い、負傷して入院。
〃 七年（一九三二）	七一	六月、奈良県宝生寺附近を採集して歩く。 七月、富士山に登山採集。
〃 八年（一九三三）	七二	八月、九州英彦山に採集に赴く。 十月二十五日、『原色野外植物図譜』（全四巻）を完成。（誠文堂）
〃 九年（一九三四）	七三	七月、奈良県下を採集して歩く。 八月一日―三日、高知県で植物採集会を指導して、高知市附近、横倉山、室戸岬、土佐山村、白髪山、魚梁瀬山等に採集に赴く。
〃 十年（一九三五）	七四	三月五日、NHK東京放送局より「日本の植物」を放送。 五月、伊吹山を採集旅行。 六月、山梨県西湖附近に採集に赴く。

		八月、岡山県下を採集旅行。 十月、東京府下千歳烏山附近で採集会を指導。
昭和 十一年 (一九三六)	七五	四月、高知県に帰省して、郷里で旧友と花見を楽しみ、高知会館での歓迎パーティーに出席。「桜の話」を講演。 四月十九日、高知市高見山附近で高知博物学会の採集会を指導。 七月二十五日、『随筆草木誌』を出版。(南光社) 十月十日、東京会館での「不遇の老学者をねぎらう会」に招かれる。 十月二十二日、『牧野植物学全集』全六巻附録一巻を完成。(誠文堂)
〃 十二年 (一九三七)	七六	一月二十五日、朝日文化賞を受ける。
〃 十三年 (一九三八)	七七	六月、喜寿記念会が催され記念品を贈られる。
〃 十四年 (一九三九)	七八	五月二十五日、東京帝国大学理学部の講師を辞任。勤続四十七年。

昭和　十五年（一九四〇）	七九	七月、宝塚熱帯植物園を訪問。 八月、九州各地を採集して歩く。 九月、豊前犬ケ岳で崖より落ちて重傷を負い、別府で静養し、十二月三十一日に帰京。
〃　十六年（一九四一）	八〇	九月二十九日、『牧野日本植物図鑑』を発行。（北隆館） 五月三日、満洲国のサクラ調査のため神戸を出帆して、約五千点の標本を採集し、六月十五日に門司に帰朝。 六月、民間アカデミー国民学術協会より表彰される。 十一月、安達潮花氏の寄贈により「牧野植物標品館」が建設される。池長研究所に置いた三十万点の標本が二十五年目に帰る。 十二月八日、太平洋戦争勃発。
〃　十八年（一九四三）	八二	八月二十日、『植物記』出版。（桜井書店）
〃　十九年（一九四四）	八三	四月十日、『続植物記』出版。（桜井書店） 七月二十五日、上村登著『土佐の植物』（共立出版）に序文を書く。

年	年齢	事項
昭和 二十年（一九四五）	八四	四月、敵機の至近弾で牧野標本館の一部が破壊される。 五月、山梨県北巨摩郡穂坂村に疎開。 八月十五日、終戦。 十月二十四日、帰京。
〃二十二年（一九四七）	八六	六月三十日、『牧野植物随筆』出版。（鎌倉書房）
〃二十三年（一九四八）	八七	七月十五日、『趣味の植物誌』出版。（壮文社） 十月七日、皇居に参内して、天皇陛下に植物を御進講。
〃二十四年（一九四九）	八八	四月一日、『日本植物図鑑　学生版』を出版。（北隆館） 六月二十三日、大腸カタルで危篤となったが奇蹟的に恢復。
〃二十五年（一九五〇）	八九	「植物学雑誌」六十二巻七二九―七三〇号を牧野博士米寿記念号として、会長小倉博士の祝辞が掲げられる。 五月三十一日、『図説普通植物検索表』を出版。（千代田出版社） 十月六日、日本学士院会員に推選される。

昭和二十六年（一九五一）	九〇	一月、文部省に「牧野富太郎博士植物標本保存委員会」が設置される。 六月、朝比奈泰彦博士が委員長となって標本の整理をはじめる。 七月、第一回文化功労者として文化年金五十万円を受ける。
〃二十七年（一九五二）	九一	郷里高知県佐川町旧邸址に「牧野富太郎博士誕生の地」の記念碑が建設される。
〃二十八年（一九五三）	九二	一月、『原色少年植物図鑑』出版。（北隆館） 一月十七日、老人性気管支炎で重態となったが恢復。 七月、『植物学名辞典』（清水藤太郎と共著）出版。（和田書店） 十月一日、東京都名誉都民に推される。 十月十五日、山本和夫著『植物界の至宝牧野富太郎』が出版される。（ポプラ社）
〃二十九年（一九五四）	九三	十二月、感冒より肺炎となり臥床静養。

昭和 三十年（一九五五）	九四	四月、前年暮より臥床のままで九十三回目の誕生日を迎える。床中で『原色植物図譜』の完成を急ぐ。四月二十日、中村浩著『牧野富太郎』が出版される。（金子書房）
〃三十一年（一九五六）	九五	夏、重態におちいり、一時は危篤状態になったが、もちなおす。
〃三十二年（一九五七）	九六	一月十八日歿。歿後、文化勲章を授与される。

KODANSHA

本書は、一九五六年に長嶋書房から刊行された同名の書を文庫化したものである。文庫化にあたっては原文の尊重を原則としたが、著作権継承者の了解を得て、明らかな誤植等について訂正を施すとともに、現代仮名づかいに改め、難読の文字には適宜振り仮名を加えた。また、できるかぎり表記の統一をはかり、現代の一般的表記に改めた。本書には土民、蛮人等、今日では好ましくない表現として控えられる用語が使用されているが、原文尊重の原則、著者（故人）が差別助長の意図をもって当該の用語を使用しているわけではないこと、および本書が刊行された当時の社会状況等を考慮し、発表時のままとした。なお、原本中の「〔脚本〕山峡の春」は、牧野博士自身の執筆ではないため、これのみ割愛してある。

（編集部）

牧野富太郎（まきの　とみたろう）

1862年高知県生まれ。理学博士。学士院会員。東大講師。独学で植物学を学び，植物分類学の世界的権威となる。新種1000種，新変種1500種以上の日本植物を命名。採集した標本は60万点に及ぶ。名誉都民第1号，第1回文化功労者。1957年歿。死後文化勲章受章。主著に『日本植物志図篇』『大日本植物志』『日本植物図鑑』等。講談社学術文庫に『植物知識』『牧野植物随筆』がある。

講談社学術文庫

定価はカバーに表示してあります。

牧野富太郎自叙伝《まきのとみたろうじじょでん》

牧野富太郎《まきのとみたろう》

2004年4月10日　第1刷発行
2023年3月10日　第13刷発行

発行者　鈴木章一
発行所　株式会社講談社
東京都文京区音羽2-12-21 〒112-8001
電話　編集（03）5395-3512
販売（03）5395-4415
業務（03）5395-3615
装　幀　蟹江征治
印　刷　株式会社ＫＰＳプロダクツ
製　本　株式会社国宝社

ISBN4-06-159644-6

「講談社学術文庫」の刊行に当たって

これは、学術をポケットに入れることをモットーとして生まれた文庫である。学術は少年の心を養い、成年の心を満たす。その学術がポケットにはいる形で、万人のものになることは、生涯教育をうたう現代の理想である。

こうした考え方は、学術を巨大な城のように見る世間の常識に反するかもしれない。また、一部の人たちからは、学術の権威をおとすものと非難されるかもしれない。しかし、それはいずれも学術の新しい在り方を解しないものといわざるをえない。

学術は、まず魔術への挑戦から始まった。やがて、いわゆる常識をつぎつぎに改めていった。学術の権威は、幾百年、幾千年にわたる、苦しい戦いの成果である。こうしてきずきあげられた城が、一見して近づきがたいものにうつるのは、そのためである。しかし、学術の権威を、その形の上だけで判断してはならない。その生成のあとをかえりみれば、その根は常に人々の生活の中にあった。学術が大きな力たりうるのはそのためであって、生活をはなれた学術は、どこにもない。

開かれた社会といわれる現代にとって、これはまったく自明である。生活と学術との間に、もし距離があるとすれば、何をおいてもこれを埋めねばならない。もしこの距離が形の上の迷信からきているとすれば、その迷信をうち破らねばならぬ。

学術文庫は、内外の迷信を打破し、学術のために新しい天地をひらく意図をもって生まれた。文庫という小さい形と、学術という壮大な城とが、完全に両立するためには、なおいくらかの時を必要とするであろう。しかし、学術をポケットにした社会が、人間の生活にとってより豊かな社会であることは、たしかである。そうした社会の実現のために、文庫の世界に新しいジャンルを加えることができれば幸いである。

一九七六年六月

野間省一

自然科学

進化とはなにか
今西錦司著（解説・小原秀雄）

正統派進化論への疑義を唱える著者は名著『生物の世界』以来、豊富な踏査探検と卓抜な理論構成とで、〝今西進化論〟を構築してきた。ここにはダーウィン進化論を凌駕する今西進化論の基底が示されている。

1

鏡の中の物理学
朝永振一郎《ともながしんいちろう》著（解説・伊藤大介）

〝鏡のなかの世界と現実の世界との関係は……〟この身近な現象が高遠な自然法則を解くカギになる。科学と量子力学の基礎を、ノーベル賞に輝く著者が一般読者のために平易な言葉とユーモアをもって語る。

31

目に見えないもの
湯川秀樹著（解説・片山泰久）

初版以来、科学を志す多くの若者の心を捉えた名著。自然科学的なものの見方、考え方を誰にもわかる平易な言葉で語る珠玉の小品。真実を求めての終りなき旅に立った著者の研ぎ澄まされた知性が光る。

94

物理講義
湯川秀樹著

ニュートンから現代素粒子論までの物理学の展開を、歴史上の天才たちの人間性にまで触れながら興味深く語った名講義の全録。また、博士自身が学生時代の勉強法を随所で語るなど、若い人々の必読の書。

195

からだの知恵　この不思議なはたらき
W・B・キャノン著／舘　鄰・舘　澄江訳（解説・舘　鄰）

生物のからだは、つねに安定した状態を保つために、さまざまな自己調節機能を備えている。本書は、これをひとつのシステムとしてとらえ、ホメオステーシスという概念をはじめて樹立した画期的な名著。

320

植物知識
牧野富太郎著（解説・伊藤　洋）

本書は、植物学の世界的権威が、スミレやユリなどの身近な花と果実二十二種に図を付して、平易に解説したもの。どの項目から読んでも植物に対する興味がわき、楽しみながら植物学の知識が得られる。

529

《講談社学術文庫　既刊より》

文化人類学・民俗学

池田弥三郎著
性の民俗誌
民俗学的な見地からたどり返す、日本人の性。一夜妻、一時女郎、女のよばい等、全国には特色ある性風俗が伝わってきた。これらを軸とし、民謡や古今の文献に拠りつつ、日本人の性への意識と習俗の伝統を探る。

1611

宮本常一著（解説・網野善彦）
日本文化の形成
民俗学の巨人が遺した日本文化の源流探究。生涯の実地調査で民俗学に巨大な足跡を残した筆者が、日本文化の源流を探査した遺稿。畑作の起源、海洋民と床住居など、東アジア全体を視野に雄大な構想を掲げる。

1717

野本寛一著（解説・赤坂憲雄）
神と自然の景観論　信仰環境を読む
日本人が神聖感を抱き、神を見出す場所とは？　人々を畏怖させる火山・地震・洪水・暴風、聖性を感じさせる岬・洞窟・淵・滝・湾口島・沖ノ島・磐座などの自然地形。全国各地の聖地の条件と民俗を探る。

1769

石毛直道著
麺の文化史
麺とは何か。その起源は？　伝播の仕方や製造法・調理法は？　厖大な文献を渉猟し、「鉄の胃袋」をもって精力的に繰り広げたアジアにおける広範な実地踏査の成果をもとに綴る、世界初の文化麺類学入門。

1774

西田正規著
人類史のなかの定住革命
「不快なものには近寄らない、危険であれば逃げてゆく」という基本戦略を捨て、定住化・社会化へと方向転換した人類。そのプロセスはどうだったのか。遊動生活から定住への道筋に関し、通説を覆す画期的論考。

1808

五来《ごらい》　重《しげる》著（解説・上別府　茂）
石の宗教
日本人は石に霊魂の存在を認め、独特の石造宗教文化を育んだ。積石、列石、石仏などは、先祖たちの等身大の信心の遺産である。これらの謎を解き、記録に残らない庶民の宗教感情と信仰の歴史を明らかにする。

1809